Ιστορίες για Project Managers
που έχουν αϋπνίες

Ιστορίες
για Project Managers
που έχουν αϋπνίες

MARISA SILVA

Μετάφραση/Προσαρμογή: Λευτέρης Ρουσούδης

Πρώτη δημοσίευση το 2016, μετάφραση στα Ελληνικά το 2020

Σχεδιασμός εξωφύλλου και εικονογραφήσεις: Diana Macias Marques
Εικονογράφηση προφίλ συγγραφέα: João Martins
Μετάφραση/Προσαρμογή/Επιμέλεια στα Ελληνικά: Λευτέρης Ρουσούδης

ISBN: 978-989-33-1142-4

Για τους γονείς μου, την αγαπημένη μου ιστορία.

«Κάποια μέρα θα είστε αρκετά μεγάλοι για να αρχίσετε να διαβάζετε τα παραμύθια ξανά.»

C. S. Lewis

«Αν θέλετε τα παιδιά σας να είναι έξυπνα, διαβάστε τους παραμύθια. Αν θέλετε να είναι πιο έξυπνα, διαβάστε τους περισσότερα παραμύθια.»

Albert Einstein

ΠΕΡΙΕΧΟΜΕΝΑ

ΜΙΑ ΦΟΡΑ ΚΙ ΕΝΑΝ ΚΑΙΡΟ

Όταν μια φορά κι έναν καιρό, οι γονείς σας σάς διάβαζαν παραμύθια λίγο πριν κοιμηθείτε, μπορεί αυτή να ήταν η καλύτερη ώρα της ημέρας για εσάς. Ακούγατε ιστορίες για πριγκίπισσες και δράκους, λύκους που μιλάνε και μεταμφιεσμένα πρόβατα, και ονειρευόσασταν έναν συναρπαστικό κόσμο φτιαγμένο με τη φαντασία σας. Την επόμενη μέρα, ξυπνούσατε με ανυπομονησία περιμένοντας να φτάσει πάλι η ώρα αυτή και να ακούσετε τις ίδιες ιστορίες ξανά και ξανά.

Από τότε μέχρι σήμερα έγιναν πολλά, το σημαντικότερο είναι ότι… μεγαλώσατε. Τώρα που διαβάζετε αυτό το βιβλίο, το πιο πιθανό είναι ότι έχετε αναλάβει ή συμμετέχετε σε ένα έργο το οποίο σας κρατά ξύπνιους το βράδυ, καθώς προσπαθείτε να φτάσετε στην ολοκλήρωσή του με επιτυχία, σε ένα «ευτυχισμένο τέλος».

Αυτό το βιβλίο δεν θα λύσει τα προβλήματα των έργων σας (συγγνώμη γι' αυτό!), αλλά, υπόσχομαι ότι θα σας βοηθήσει να κοιμηθείτε καλύτερα, θυμίζοντάς σας μερικές από αυτές τις υπέροχες ιστορίες που λατρεύατε κάποτε.

Το βιβλίο αυτό, αφενός δεν είναι ένα ακόμη εγχειρίδιο διαχείρισης έργων, αλλά έχει ως στόχο να είναι κάτι περισσότερο από ένα απλό βιβλίο με ιστορίες. Καθώς προχωράτε στην ανάγνωση των ιστοριών, θα διαπιστώσετε ότι πολλά προβλήματα που αντιμετωπίζετε καθημερινά έχουν πολλά κοινά σημεία με αυτές.

Οι ιστορίες αυτές είναι μεταφορικά σχήματα και θα σας επιτρέψουν να αναλογιστείτε τις καθημερινές σας πρακτικές, να ερμηνεύσετε συμπεριφορές και να χαρτογραφήσετε εναλλακτικές λύσεις, καθώς και να διευκολυνθείτε στην αντιμετώπιση θεμάτων που δύσκολα θα διακρίνατε στην καθημερινή πραγματικότητα ενός έργου.

Οι καλές ιστορίες δεν ξεχνιούνται εύκολα. Σχετιζόμαστε με αυτές και μας παρέχουν σημαντικά διδάγματα. Ελπίζω αυτά τα διδάγματα, να σας φανούν χρήσιμα στα έργα σας, όπως φάνηκαν και σε μένα.

Άλλωστε, ποτέ δεν είμαστε μεγάλοι για μια ιστορία πριν κοιμηθούμε. Καληνύχτα!

ΤΑ ΚΑΙΝΟΥΡΓΙΑ ΡΟΥΧΑ ΤΟΥ ΑΥΤΟΚΡΑΤΟΡΑ

Μία φορά κι έναν καιρό, ζούσε ένας Αυτοκράτορας που αγαπούσε τα ρούχα! Αγαπούσε τα ρούχα περισσότερο από οτιδήποτε άλλο!

Κάθε χρόνο στα γενέθλιά του ζητούσε να του φέρουν δώρο πολλά νέα ρούχα. Και κάθε χρόνο τα Χριστούγεννα, ζητούσε από τον Άη-Βασίλη να του φέρει νέα ρούχα. Στην πραγματικότητα, αυτό που ο Αυτοκράτορας πάντα ήθελε, ήταν… νέα ρούχα! Τα αγαπούσε τόσο πολύ, που είχε ολόκληρα δωμάτια γεμάτα από αυτά! Και δεν θα παραβλέψουμε το γεγονός ότι τα άλλαζε δώδεκα φορές την ημέρα (πραγματικά λυπάμαι τους ανθρώπους που έπρεπε να του τα πλένουν!)

Μία μέρα, δύο ξένοι έφτασαν στην πόλη και επισκέφτηκαν το παλάτι του Αυτοκράτορα. «Μπορούμε να σας φτιάξουμε τα πιο όμορφα ρούχα σε όλο τον κόσμο! Όλοι θα θέλουν ρούχα σαν τα δικά σας» είπαν, καθώς υποκλίθηκαν στον Αυτοκράτορα.

«Αχ, αυτό ήθελα πάντα, να φορέσω τα ωραιότερα ρούχα σε όλο τον κόσμο», σκέφτηκε ο Αυτοκράτορας. «Θα φτιάξετε αυτά τα όμορφα ρούχα για μένα!» τους διέταξε.

Πέρασαν εβδομάδες και άλλες εβδομάδες και ακόμη περισσότερες εβδομάδες, και οι δύο ξένοι ακόμη εργάζονταν για να φτιάξουν τα ρούχα. Δεν άφηναν όμως κανέναν να δει τη δουλειά τους.

Φυσικά, ο Αυτοκράτορας ήταν ανυπόμονος, ήθελε να δει τα νέα ρούχα! Έτσι, μια μέρα ζήτησε επιτακτικά από τους ανθρώπους του να του φέρουν τους ξένους στο παλάτι μαζί με τα νέα του ρούχα.

Μόλις οι ξένοι παρουσιάστηκαν μπροστά του, ο Αυτοκράτορας τους κοίταξε από πάνω ως κάτω. Δεν έβλεπε πουθενά τα νέα ρούχα!

«Πού είναι τα νέα ρούχα που σας πλήρωσα να φτιάξετε;» είπε με απαιτητική φωνή.

«Μα είναι ακριβώς εδώ, Μεγαλειότατε», είπε ο ένας από αυτούς.

«Πώς σας φαίνονται; Βλέπετε ότι είναι φτιαγμένα από τα πιο μαγευτικά υλικά; Βλέπετε ότι έχουν αστραφτερά χρώματα και πολύ μοντέρνα σχέδια;»

Ο Αυτοκράτορας κοίταξε ολόγυρα μπερδεμένος. Δεν έβλεπε τίποτα!

«Δεν βλέπω πουθενά τα ρούχα», είπε.

«Αυτά τα ρούχα», απάντησαν οι ξένοι, «είναι τόσο ξεχωριστά και σπάνια που μόνο οι εξυπνότεροι άνθρωποι μπορούν να τα δουν. Είναι πολύ όμορφα για να τα δουν άνθρωποι που είναι ανόητοι και ανίδεοι. Αυτή είναι η μαγεία των εκπληκτικών αυτών ρούχων!»

«Μα φυσικά, φυσικά» βιάστηκε να πει ο Αυτοκράτορας (για να μην τον περάσουν για ανόητο ή ανίδεο). «Είναι πανέμορφα, είναι ακριβώς ό,τι ήθελα πάντα! Είμαι σίγουρος ότι μόλις τα δουν, θα εκπλαγούν ευχάριστα όλοι οι άνθρωποί μου. Μπορώ να τα δοκιμάσω;»

«Λοιπόν», είπαν οι ξένοι, «όπως μπορείτε να δείτε, δεν είναι ακόμη εντελώς έτοιμα. Αλλά αν μπορείτε να μας δώσετε περισσότερα χρήματα, είμαστε σίγουροι ότι θα προλάβουμε να τα ετοιμάσουμε εγκαίρως για τη μεγάλη παρέλαση.»

Ο Αυτοκράτορας υποσχέθηκε να πληρώσει τους ξένους ό,τι ήθελαν, αρκεί να είχαν τα νέα ρούχα έτοιμα για τη μεγάλη παρέλαση. Ήθελε να τα δουν όλοι στο Βασίλειο!

Η μέρα της μεγάλης παρέλασης έφτασε και οι δύο ξένοι

παρουσίασαν στον Αυτοκράτορα τα νέα του ρούχα.

«Όλοι θα σας θαυμάσουν στην παρέλαση, Μεγαλειότατε. Τα νέα σας ρούχα φαίνονται υπέροχα!» είπαν οι δύο ξένοι.

Τα νέα στο παλάτι είχαν ήδη μαθευτεί. Τα καινούργια ρούχα του Αυτοκράτορα ήταν τόσο ξεχωριστά, που μόνο οι έξυπνοι άνθρωποι μπορούσαν να τα δουν. Έτσι, όλοι οι άνθρωποί του, για να μη φανούν ανόητοι ή ανίδεοι, του έλεγαν συνέχεια: «Πόσο όμορφα! Τι χρώματα! Τι στυλ! Τα καινούργια σας ρούχα είναι υπέροχα, Μεγαλειότατε!»

«Ω Θεέ μου», σκέφτηκε ο Αυτοκράτορας. «Όλοι οι άνθρωποί μου μπορούν να δουν τα ρούχα αυτά, αλλά εγώ δεν μπορώ. Μήπως αυτό σημαίνει ότι είμαι ανόητος και ανίδεος και δεν είμαι κατάλληλος για τη θέση του Αυτοκράτορα; Θα πρέπει να προσποιηθώ ότι μπορώ να τα δω, έτσι ώστε κανείς να μη νομίσει ότι είμαι ανόητος. Κανείς δεν πρέπει να μάθει την αλήθεια!»

Όταν ήρθε η ώρα για τη μεγάλη παρέλαση, ο Αυτοκράτορας φόρεσε τα καινούργια του ρούχα, είπε «Ακολουθήστε με» στους ανθρώπους του και βάδισε στο δρόμο, έξω από το παλάτι του.

Πλήθος ανθρώπων παρατάχθηκαν στον κεντρικό δρόμο της πόλης για να δουν τον Αυτοκράτορα στη μεγάλη παρέλαση. Υπήρχαν ιππότες πάνω σε άλογα, τεράστιοι ελέφαντες με κοσμήματα και κομψά ντυμένοι στρατιώτες να παρελαύνουν κατά μήκος του δρόμου. Αλλά η ατραξιόν της μεγάλης παρέλασης ήταν φυσικά τα νέα ρούχα του Αυτοκράτορα!

Τα πλήθη είχαν ήδη ακούσει ότι μόνο οι έξυπνοι μπορούν να δουν τα καινούργια ρούχα του Αυτοκράτορα, και για να μη φανούν ανόητοι, έλεγαν μόλις περνούσε από μπροστά τους:

«Τι όμορφη στολή!»

«Δεν φαίνεται έξυπνος;»

«Πόσο όμορφα είναι τα καινούργια ρούχα του Αυτοκράτορα!»

Ο Αυτοκράτορας ήταν πολύ ευχαριστημένος καθώς όλοι θαύμαζαν τα καινούργια του ρούχα, παρόλο που ο ίδιος δεν μπορούσε να τα δει!

Ξαφνικά, ακούστηκε μια παιδική φωνή από το πλήθος: «Μια στιγμή! Δεν φοράει τίποτα! Ο αυτοκράτορας είναι γυμνός, όπως ήταν την ημέρα που γεννήθηκε!»

Σιωπή απλώθηκε στο πλήθος και η μεγάλη παρέλαση σταμάτησε...

Τότε ξαφνικά, όλοι έσκασαν στα γέλια!

«Το μικρό αγόρι έχει δίκιο», είπαν. «Ο Αυτοκράτορας δεν φοράει κανένα ρούχο επάνω του!»

Ο Αυτοκράτορας έγινε κατακόκκινος. Φυσικά και είχαν δίκιο. Δεν φορούσε καθόλου ρούχα!

«Δώστε μου έναν μανδύα», διέταξε τους ανθρώπους του. «Πρέπει να επιστρέψω στο παλάτι και να φορέσω ρούχα! Δεν έπρεπε ποτέ να εμπιστευτώ αυτούς τους ξένους, ήθελαν μόνο να με κολακεύουν για να μου πάρουν τα χρήματα!»

Μετά από εκείνη την ημέρα, ο Αυτοκράτορας έδωσε στο μικρό αγόρι μια θέση συμβούλου στο παλάτι του. Και όποτε χρειαζόταν συμβουλές, ρωτούσε πάντα πρώτα το μικρό αγόρι. Άλλωστε, ήταν ο μόνος που είχε πει την αλήθεια.

Προσαρμογή από Hans Christian Andersen

Πώς σχετίζεται με το Project Management;

Όπως ακριβώς συνέβη με την παραγγελία των καινούργιων ρούχων του Αυτοκράτορα, έτσι συμβαίνει συχνά με τα νέα έργα. Υποβάλλονται στην ανώτερη διοίκηση για έγκριση χωρίς να υπάρχει το αντίστοιχο Business Case (Έκθεση Επιχειρηματικής Σκοπιμότητας) και χωρίς να τεκμηριωθούν τα πιθανά οφέλη τους.

Παραδόξως, τα έργα αυτά εξακολουθούν να εγκρίνονται, είτε λόγω πολιτικών «παιχνιδιών», είτε από ένστικτο, είτε λόγω εξαιρετικών επικοινωνιακών δεξιοτήτων. Μπορεί όμως απλά να έχουν χαρακτηριστεί ως «στρατηγικά» έργα. Αυτός ο «μαγικός» χαρακτηρισμός μπορεί να ξεκλειδώσει οποιοδήποτε αδιέξοδο στις μέρες μας.

Έτσι, πολύ πιθανό να εγκριθεί τελικά ένα έργο που δεν είναι βιώσιμο και τα πιθανά οφέλη του να είναι μη ρεαλιστικά και υπερεκτιμημένα. Ο Sponsor (χορηγός ή κύριος του έργου) να έχει τόσο μεγάλη εμπιστοσύνη σε αυτό ή να θεωρεί ότι ο ίδιος έχει μεγάλο κύρος και αξιοπιστία στον οργανισμό, ώστε κανείς να μην τολμάει να τον αντιμετωπίσει με την αλήθεια.

Με άλλα λόγια, να έχουμε ένα έργο που είναι γυμνό.

Τι μας εμποδίζει να πούμε ότι ο Αυτοκράτορας δεν έχει ρούχα;

Ένα πράγμα είναι σίγουρο: αν ο CEO είναι ενθουσιασμένος για μια ιδιαίτερα ανόητη εξαγορά, τόσο οι υπάλληλοί του όσο και οι εξωτερικοί του σύμβουλοι θα καταλήξουν σε προβλέψεις που είναι απαραίτητες για να δικαιολογήσουν τη στάση του. Μόνο στα παραμύθια έχουμε Αυτοκράτορες που τους λένε γυμνούς. (Warren Buffett)

Συχνά, η αδυναμία να εξεταστεί αυστηρά και σε βάθος το business case ενός έργου, το εκτιμώμενο κόστος και τα πιθανά οφέλη του, δεν σχετίζεται με απροθυμία.

Στην πραγματικότητα αυτό συμβαίνει κυρίως λόγω μιας σειράς γνωστικών προκαταλήψεων ή λόγω περιορισμένων διαθέσιμων πόρων. Άλλωστε, τις περισσότερες φορές, οι άνθρωποι που κατέχουν τις απαραίτητες γνώσεις για να μπορέσουν να αντικρούσουν τις εκτιμήσεις και να αμφισβητήσουν τις υποθέσεις, είναι γενικά οι ίδιοι που συμμετείχαν εξαρχής στη συγγραφή του business case.

Γνωστικές προκαταλήψεις: δεν μπορούμε να πούμε ή δεν μπορούμε να δούμε ότι ο αυτοκράτορας δεν έχει ρούχα;

Ως ανθρώπινα όντα, είμαστε προγραμματισμένοι από τη φύση με γνωστικές προκαταλήψεις, δηλαδή έχουμε πτυχές του τρόπου σκέψης μας που τείνουν να στρεβλώνουν τον τρόπο με τον οποίο παίρνουμε αποφάσεις.

Να είστε σίγουροι λοιπόν ότι η τυφλή εμπιστοσύνη στη λογική

θα σας οδηγήσει στον παραλογισμό. Θα αγνοήσετε ή θα υποτιμήσετε αυτές τις προκαταλήψεις.

Ο Daniel Kahneman, κάτοχος βραβείου Νόμπελ στις Οικονομικές Επιστήμες, μελέτησε τον τρόπο με τον οποίο ο εγκέφαλος επηρεάζει τις αποφάσεις. Κατέληξε στο συμπέρασμα ότι υπάρχουν ορισμένα κοινά χαρακτηριστικά στα άτομα που κάνουν εκτιμήσεις και προβλέψεις.

Σύμφωνα με τον Kahneman, αυτοί οι αναλυτές υποφέρουν από αυτό που όρισε ως «απατηλή αισιοδοξία», καθώς «υπερεκτιμούν τα πιθανά οφέλη των έργων και υποτιμούν τα πιθανά κόστη, αυταπατώνται με σενάρια επιτυχίας και αγνοούν την πιθανότητα λαθών[1].»

Ο Bent Flyvbjerg, διάσημος καθηγητής στο Πανεπιστήμιο της Οξφόρδης, γνωστός για την έρευνά του στον τομέα των mega-projects (μεγάλα έργα, συνήθως κατασκευαστικά ή υποδομών), εξέτασε εκτεταμένα τα στοιχεία πολλών έργων μεταφορών και υποδομών και κατέληξε σε σημαντικό συμπέρασμα: σε γενικές γραμμές, οι εκτιμήσεις συστηματικά είναι παραπλανητικές, με υπερεκτιμημένα οφέλη που πιθανότατα δεν έρθουν ποτέ.

Επιπλέον, ο Flyvbjerg αναφέρει ότι το πρόβλημα μπορεί να μη βρίσκεται μόνο στην ανθρώπινη αισιοδοξία, αλλά ακόμη χειρότερα, σε αυτό που ορίζει ως «στρατηγική διαστρέβλωση». Είναι η «προγραμματισμένη, συστηματική, σκόπιμη ανακρίβεια καταγραφής κόστους και οφέλους για να εγκριθεί ένα έργο[2]».

Εν ολίγοις, ότι λέγονται ψέματα για να εγκριθούν τα έργα.

Αυτή η «συνήθεια» θέτει υπό αμφισβήτηση τον κώδικα

---

[1] Lovallo, Dan and Daniel Kahneman, 2003. "Delusions of Success: How Optimism Undermines Executives' Decisions," Harvard Business Review, July Issue, (pp. 56–63).

[2] Flyvbjerg, B., Mette, K., Skamris, H., and Søren, L. B. (2005) 'How (In)accurate Are Demand Forecasts in Public Works Projects', Journal of the American Planning Association, vol. 71, no. 2, Spring 2005.

δεοντολογίας, την ηθική και την καλή πίστη που πρέπει να διέπει οποιοδήποτε επάγγελμα ή επιχείρηση.

Αναδεικνύει επίσης ότι, πολλές φορές, η προσπάθεια επίτευξης μιας συμφωνίας ή υπογραφής ενός συμβολαίου με οποιονδήποτε τρόπο μπορεί να οδηγήσει τους ανθρώπους να ξεχάσουν τις επαγγελματικές αξίες τους.

Αν και αυτή η «απάτη οφέλους» (Jenner, 2009) αναγνωρίζεται πλέον ως μια συνειδητά κακή πρακτική, δυστυχώς εξακολουθεί να έχει την τάση να παραμένει ατιμώρητη ή να ανακαλύπτεται όταν είναι ήδη αργά. Σε αυτό, μεγάλο μερίδιο ευθύνης έχει το γεγονός ότι, τις περισσότερες φορές, αυτοί που ευθύνονται για τις λάθος εκτιμήσεις δεν λογοδοτούν (ή έχουν ήδη αποχωρήσει!) κατά την παράδοση του έργου.

Μια άλλη γνωστική προκατάληψη που μπορεί να επηρεάσει την αξιολόγηση ενός business case, είναι η προκατάληψη της προσδοκίας ή της επιβεβαίωσης. Σε αυτό το σενάριο, υπάρχει μια τάση μεταξύ των αναλυτών να αναδεικνύουν τα δεδομένα που επιβεβαιώνουν τις προσδοκίες και τις υποθέσεις τους, ενώ υποτιμούν ή αγνοούν στοιχεία που μπορεί να έρχονται σε σύγκρουση με αυτές.

Υπάρχουν όμως και άλλοι παράγοντες που, αν και δεν είναι γνωστικές προκαταλήψεις, μπορούν να ληφθούν ως προκαταλήψεις που υπάρχουν στην κουλτούρα του οργανισμού. Το αποτέλεσμα είναι να διαιωνίζονται στο χρόνο οι παρακάτω δυσάρεστες καταστάσεις:

- Δημιουργία των «Pet-projects» (έργα σαν κατοικίδια). Είναι τα αγαπημένα έργα της ανώτερης διοίκησης με βάση προσωπικά ενδιαφέροντα ή συμφέροντα και κρυφές ατζέντες, ενώ στην πραγματικότητα δεν συμβαδίζουν με τους στρατηγικούς στόχους του οργανισμού.
- Δημιουργία κουλτούρας εξυπηρετήσεων και πολιτικών παιχνιδιών μεταξύ τμημάτων, του τύπου: «Θα εγκρίνω το

έργο σου σήμερα, αν μου εγκρίνεις το δικό μου σε 3 μήνες ως αντάλλαγμα».

Ηθικό δίδαγμα της ιστορίας

Πιο σημαντικό από το να κάνετε τα έργα σωστά, είναι να κάνετε τα σωστά έργα και να σταματήσετε αμέσως τα λάθος έργα.

Αυτό το δίδαγμα υπαγορεύει την έγκριση και υλοποίηση των έργων που είναι ευθυγραμμισμένα με τους στρατηγικούς στόχους του οργανισμού και προσδίδουν αξία σε αυτόν με ένα καθορισμένο σύνολο από ορατά και εφικτά οφέλη (μετρήσιμα ή/και ποιοτικά).

Τα τρέχοντα έργα που δεν δικαιολογούνται πλέον (αφού τα οφέλη τους θεωρούνται ανέφικτα) θα σταματούν εγκαίρως, ώστε να μη σπαταλούνται οι πόροι του οργανισμού.

Όλα τα έργα πρέπει να έχουν Business Case

Πολλές εταιρίες έχουν ήδη αρχίσει να αναγνωρίζουν τη σημασία της δημιουργίας Business Case (Έκθεση Επιχειρηματικής Σκοπιμότητας) στα έργα τους, καθώς με αυτό είναι σε θέση να αναλύσουν και να αξιολογήσουν την επένδυσή τους πριν την εγκρίνουν. Άλλωστε αποτελεί βασική αρχή σε ορισμένες από τις καθιερωμένες μεθοδολογίες διαχείρισης έργων, όπως η PRINCE2®. Δεν είναι όμως ακόμη μια παγιωμένη «συνήθεια» σε όλους τους οργανισμούς.

Γι' αυτό είναι σημαντικό να θυμάστε ότι τα έργα είναι στην πραγματικότητα επενδύσεις. Ως επενδύσεις, θα πρέπει να αξιολογούνται με βάση την προβλεπόμενη απόδοσή τους και την ευθυγράμμιση με τους στρατηγικούς στόχους.

Όλα τα έργα οφείλουν αρχικά να έχουν Business Case που να δικαιολογεί την ύπαρξή τους.

Και είναι απαραίτητη η συνεχής επανεκτίμησή του καθ' όλη τη

διάρκεια του κύκλου ζωής του έργου.

Συνεχής αιτιολόγηση του έργου (project justification)

Οι αλλαγές στις συνθήκες που επηρεάζουν ένα έργο, εσωτερικά ή εξωτερικά, μπορεί να θέσουν σε αμφισβήτηση την ανάγκη ύπαρξής του ή να μειώσουν τις πιθανότητες επίτευξης του εκτιμώμενου οφέλους του. Συνεπώς, είναι σημαντικό το Business Case να αξιολογείται συνεχώς, ώστε να τεκμηριώνεται η επιτευξιμότητα και η βιωσιμότητά του καθ' όλη τη διάρκεια του έργου.

Η αξιολόγηση αυτή συχνά μπορεί να συμβεί σε σημαντικές στιγμές του έργου, όπως κατά την ολοκλήρωση φάσεων ή σε σημαντικά ορόσημα, ενώ μια επαναξιολόγηση συνιστάται επίσης όταν ζητείται αλλαγή scope (αντικείμενο ή εύρος) του έργου.

Ανεξάρτητος έλεγχος

Μερικές φορές, απαιτείται να βρεθεί κάποιος ανεξάρτητος, με «καθαρή» ματιά, για να δει τα προφανή που κανείς άλλος δεν βλέπει.

Σε αυτή την περίπτωση, η ύπαρξη μιας λειτουργίας διασφάλισης μέσα στον οργανισμό είναι ζωτικής σημασίας. Συνήθως την αναλαμβάνει το PMO - Project Management Office (Γραφείο Διαχείρισης Έργων), με την αμφισβήτηση των αρχικών υποθέσεων και την εξέταση της αξιοπιστίας των Business Cases των έργων που υποβάλλονται προς έγκριση.

Παίζοντας λοιπόν το ρόλο του «δικηγόρου του διαβόλου», το PMO μπορεί να εξετάσει διεξοδικά σε ένα Business Case τις αδυναμίες των επιχειρημάτων και να τονίσει το χειρότερο σενάριο. Να αξιολογήσει την αντοχή του στις πιο απαισιόδοξες προβλέψεις, προειδοποιώντας για τυχόν κινδύνους.

Κατά συνέπεια, θα υπάρξει καλύτερη προετοιμασία και

πρόσθετη «θωράκιση» του έργου.

Κατηγορία Αναφοράς και Αντικειμενική ανάλυση

Ως λύση στο εγγενές πρόβλημα της αισιοδοξίας, οι Kahneman και Flyvbjerg, μεταξύ άλλων, προτείνουν τη χρήση των κατηγοριών αναφοράς.

Δηλαδή, τον υπολογισμό της διάρκειας, του κόστους και τον προσδιορισμό του οφέλους ενός έργου, μέσα από ιστορικά δεδομένα της κατηγορίας αναφοράς παρόμοιων έργων (π.χ. εάν θέλετε να εκτιμήσετε το κόστος κατασκευής ενός νέου ξενοδοχείου 300 δωματίων, θα πρέπει να εξετάσετε το πραγματικό κόστος ενός ξενοδοχείου 300 δωματίων που χτίστηκε πρόσφατα).

Υπάρχουν και άλλα ποσοτικά εργαλεία και τεχνικές ικανές να μειώσουν τον βαθμό υποκειμενικότητας των εμπλεκομένων στην αξιολόγηση της επένδυσης ενός έργου. Μεταξύ αυτών, μπορούμε να αναφέρουμε τα εργαλεία βαθμολόγησης, τα παραμετρικά μοντέλα ή την ανάλυση σεναρίων.

Αν σας άρεσε η ιστορία αυτή, δείτε τα παρακάτω:

- Jenner, S., 2009, Realising Benefits from Government ICT Investment – a fool's errand? Reading: Academic Publishing
- Flyvbjerg, B., Bruzelius, N., & Rothengatter, W. (2003). Megaprojects and risk: An anatomy of ambition. Cambridge University Press.
- Flyvbjerg, B., Mette, K., Skamris, H., and Søren, L. B. (2005) 'How (In)accurate Are Demand Forecasts in Public Works Projects', Journal of the American Planning Association
- Kahneman, D. (2011). Thinking, fast and slow. Macmillan
- Lovallo, Dan and Daniel Kahneman, 2003. "Delusions of Success: How Optimism Undermines Executives' Decisions," Harvard Business Review, July Issue

Η ΠΕΤΡΟΣΟΥΠΑ

Μια φορά κι έναν καιρό, ήταν ένας ταξιδιώτης που έφτασε σε ένα μικρό χωριό, κουρασμένος από το μεγάλο του ταξίδι. Ο ταξιδιώτης δεν είχε τίποτα να φάει και ήλπιζε ότι κάποιος φιλικός χωρικός θα τον λυπηθεί και θα του δώσει φαγητό.

Πήγε στο πρώτο σπίτι και χτύπησε την πόρτα. Ρώτησε τη γυναίκα που του άνοιξε αν θα μπορούσε να του δώσει κάτι να φάει, καθώς είχε κάνει μεγάλο ταξίδι και πεινούσε πάρα πολύ.

«Λυπάμαι, δεν έχω να σου δώσω κάτι. Μετά βίας μπορώ να ταΐσω την δική μου οικογένεια», του απάντησε η γυναίκα.

Έτσι ο ταξιδιώτης πήγε σε άλλη πόρτα και ρώτησε ξανά.

Η απάντηση ήταν η ίδια: «Δεν έχω τίποτα να σου δώσω.»

Πήγε από πόρτα σε πόρτα, αλλά κανένας δεν του έδωσε να φάει.

Απτόητος ο ταξιδιώτης, πήγε στην κεντρική πλατεία του χωριού, έβγαλε μια μικρή κατσαρόλα από το σάκο του, την γέμισε με νερό, άναψε φωτιά και έριξε μια πέτρα μέσα.

Την ώρα που άρχισε να βράζει το νερό, ένας περαστικός χωρικός σταμάτησε και τον ρώτησε τι ακριβώς κάνει.

Ο ταξιδιώτης απάντησε, «Φτιάχνω μια πετρόσουπα. Θα ήθελες να με βοηθήσεις;»

Ο χωρικός απάντησε θετικά και τον ρώτησε αν τα καρότα ταιριάζουν στην πετρόσουπα.

«Φυσικά», είπε ο ταξιδιώτης. Ο χωρικός πήγε στο σπίτι του και επέστρεψε με καρότα από τον κήπο, για να τα προσθέσει στο βραστό νερό.

Σύντομα, μία ακόμη περίεργη χωρική πέρασε από εκεί και προσκλήθηκε να συμμετάσχει. Πήγε στο σπίτι της και επέστρεψε με μερικές πατάτες.

Ένα νεαρό αγόρι ήταν ο επόμενος που σύντομα εντάχθηκε στην ομάδα φέρνοντας μαζί με τη μητέρα του και τα σερβίτσια από το σπίτι τους.

Καθώς περνούσε η ώρα, πλήθος ανθρώπων συγκεντρώθηκε εκεί, προσφέροντας ο καθένας το αγαπημένο του συστατικό: μανιτάρια, κρεμμύδια, αλάτι, μαύρο πιπέρι, βελανίδια, κολοκυθάκια. Όλοι ήθελαν να είναι μέρος της δημιουργίας.

Στο τέλος, ο ταξιδιώτης αφαίρεσε την πέτρα και δήλωσε: «Η πετρόσουπα είναι έτοιμη!»

Και όλο το χωριό έφαγε το φανταστικό αυτό φαγητό, που όμοιό του δεν είχαν γευτεί ποτέ.

Προσαρμοσμένο από Brown, M. (1986)

Πώς σχετίζεται με το Project Management;

Σας έχει συμβεί ποτέ το Project Scope (φυσικό αντικείμενο) ενός έργου να μεγαλώνει σε έκταση σε σχέση με αυτό που είχε αρχικά συμφωνηθεί; Σας έχουν τύχει πελάτες που με μια φυσικότητα αναφέρουν στην ομάδα ανάπτυξης λογισμικού το «παρεμπιπτόντως, θα μπορούσατε να φτιάξετε και την τάδε λειτουργικότητα μαζί με τα υπόλοιπα;»

Αν ναι, τότε το φαινόμενο Scope Creep (διολίσθηση του φυσικού αντικειμένου) είναι σίγουρα η πέτρα στη σούπα σας!

Με λίγα λόγια, το Scope Creep αναφέρεται στην ανεξέλεγκτη υλοποίηση αιτημάτων αλλαγής στο φυσικό αντικείμενο ενός έργου. Παρά το γεγονός ότι είναι γνωστός κίνδυνος στους Project Managers, το φαινόμενο αυτό εξακολουθεί να αναγνωρίζεται ως η πιο συχνή αιτία αποτυχίας ενός έργου.

Είναι σημαντικό όμως να θυμόμαστε τι σημαίνει Project Scope, καθώς ορισμένοι εξακολουθούν να το συγχέουν με το Product Scope.

Το Project Scope ορίζει τα παραδοτέα (αλλά και αυτά που δεν περιλαμβάνονται σε αυτά! – Out of scope) του έργου. Αυτό σημαίνει ότι περιλαμβάνει το σύνολο των προϊόντων αλλά και των εργασιών που απαιτούνται για την παράδοση αυτών των παραδοτέων.

Από την άλλη μεριά, το Product Scope αποτελείται από όλα τα χαρακτηριστικά και τις λειτουργίες που συνθέτουν το (παραδοτέο) προϊόν.

Η περιγραφή του Project Scope είναι το πρώτο στοιχείο του Scope που είναι φανερό στον πελάτη. Μαζί με την τεκμηρίωση του προϊόντος και τη δομή ανάλυσης των εργασιών θα σχηματίσουν την baseline (βάση αναφοράς), δηλαδή το σημείο «μηδέν» του έργου πάνω στο οποίο θα γίνεται σύγκριση για όποια αλλαγή προκύψει στη συνέχεια.

Για το λόγο αυτό, ο πλήρης και σαφής ορισμός του Scope αναγνωρίζεται ως βασικό στοιχείο για ένα επιτυχημένο έργο.

Ηθικό δίδαγμα της ιστορίας

Στην ιστορία αυτή, είναι εύκολο να συνειδητοποιήσουμε ότι αυτό που υποτίθεται ότι ήταν μια πολύ απλή σούπα με μόνο ένα συστατικό, την πέτρα, γρήγορα μετατράπηκε σε κάτι πολύ πιο σύνθετο και εντελώς διαφορετικό από αυτό που είχε αρχικά προγραμματιστεί.

Το ίδιο συμβαίνει συχνά και στον κόσμο των έργων.

Γι' αυτό είναι απαραίτητο να καθοριστεί από την αρχή τι περιλαμβάνεται και τι αποκλείεται από το Scope ενός έργου και να καθιερωθεί μια διαδικασία διαχείρισης αλλαγών. Έτσι θα υπάρχει σωστή αντιμετώπιση των αιτημάτων αλλαγής σε όλο τον κύκλο ζωής του έργου.

Πλήρως καθορισμένο Scope

Είναι δύσκολο να ελεγχθεί η απόκλιση από το Scope ενός έργου, απλά συγκρίνοντας το προγραμματισμένο με το πραγματικό, αν δεν έχει οριστεί σαφώς από την αρχή μια συμφωνημένη scope baseline.

Γι' αυτό, ένα από τα κύρια καθήκοντα του Project Manager είναι να διασφαλίσει ότι αυτά που περιλαμβάνονται στο Scope (καθώς και αυτά που δεν περιλαμβάνονται σε αυτό!), είναι πολύ καλά οριοθετημένα και ξεκάθαρα σε όλους, χωρίς περιθώρια αμφιβολίας ή πολλαπλών ερμηνειών.

Εάν υπάρχει αμφιβολία, είναι προτιμότερο το Scope να αμφισβητηθεί και να επιβεβαιωθεί εκ νέου όταν είμαστε στην αρχή του έργου, παρά να περιλαμβάνει υποθέσεις που θα αποδειχθούν λανθασμένες στη μετέπειτα πορεία του.

Επίσης, ακόμα και αν συμφωνηθεί ότι «αυτό που δεν αναφέρεται ρητώς, δεν περιλαμβάνεται στο έργο», δεν μειώνονται οι ευθύνες του Project Manager να διαχειριστεί σωστά τις προσδοκίες του πελάτη σχετικά με το Scope του έργου.

Υπάρχουν διάφορα εργαλεία και τεχνικές για να επισημοποιηθεί το scope ενός έργου. Τα πιο ευρέως διαδεδομένα είναι: το Scope Statement (η διάσπαση του φυσικού αντικειμένου), το Product Breakdown Structure (η διάσπαση του προϊόντος) και το Work Breakdown Structure - WBS (η διάσπαση της εργασίας που απαιτείται).

Το Product Breakdown Structure (PBS) γίνεται με μια γραφική παρουσίαση των προϊόντων ενός έργου σε μια συνήθως δεντρική ιεραρχική μορφή. Έτσι, το τελικό προϊόν ως παραδοτέο του έργου βρίσκεται στην κορυφή της δεντρικής απεικόνισης και διασπάται στα επιμέρους στοιχεία που το απαρτίζουν.

Καθώς το PBS είναι ένα καθαρά οπτικό εργαλείο, είναι χρήσιμο ως μέσο που θα ενισχύσει τη συμμετοχή και την επικοινωνία με την ανώτερη διοίκηση ή τους σημαντικούς stakeholders (εμπλεκόμενους) οι οποίοι χρειάζονται ένα συνοπτικό (high-level) επίπεδο κατανόησης του έργου χωρίς πολλές λεπτομέρειες.

Αν χρησιμοποιηθεί επιπρόσθετα χρωματική κωδικοποίηση, το PBS μπορεί να εξυπηρετήσει και άλλους σκοπούς, όπως την ανάθεση σε ομάδες και ευθύνες πάνω στα παραδοτέα ή την απεικόνιση της κατάστασης προόδου με τους δείκτες RAG. Παρ' όλα αυτά, η κύρια λειτουργία του είναι να οριοθετήσει το τι είναι και τι δεν είναι μέρος του Scope του προϊόντος.

Πάνω στην ίδια λογική, το WBS είναι επίσης μια γραφική απεικόνιση των δραστηριοτήτων που απαιτούνται για την επιτυχημένη παράδοση του έργου. Οι δραστηριότητες αυτές μπορούν να χωριστούν σε φάσεις (π.χ. σχεδιασμός, υλοποίηση κλπ.) ή σε θέματα/αντικείμενα (π.χ. εξοπλισμός, λογισμικό, τεκμηρίωση κλπ.).

Με το WBS διασπάται το έργο στο στοιχειώδες επίπεδο των πακέτων εργασίας, δηλαδή τις αλληλένδετες ομάδες εργασιών. Αυτές περιλαμβάνουν αρκετές λεπτομέρειες για να γίνει η ανάθεσή τους, αλλά όχι σε υπερβολικό βαθμό ώστε να μην έχουμε αποτελεσματική διαχείριση.

Καθώς με το PBS απεικονίζεται το «ΤΙ ΚΑΝΟΥΜΕ», με το WBS παρουσιάζουμε το «ΠΩΣ ΤΟ ΚΑΝΟΥΜΕ» του έργου .

Change Management (Διαδικασία Διαχείρισης Αλλαγών)

Σπανίως παραμένει σταθερό το Scope μέχρι το τέλος, καθώς συχνά ζητούνται αλλαγές στην baseline καθ' όλη τη διάρκεια ενός έργου.

Η ύπαρξη μιας σαφώς ορισμένης διαδικασίας αλλαγών στο έργο είναι ζωτικής σημασίας για να εξασφαλίσει ότι όλες οι ζητούμενες αλλαγές είναι τεκμηριωμένες, ότι ο αντίκτυπός τους πάνω στους στόχους του έργου έχει αναλυθεί, ότι ο αρμόδιος φορέας μέσα στον οργανισμό έχει πρόσβαση σε αυτές και είναι εξουσιοδοτημένος για να αποφασίζει την αποδοχή τους ή όχι και ότι όσες αλλαγές έχουν επίσημα εγκριθεί έχουν εφαρμοστεί. Το κάθε ένα από αυτά τα βήματα αναλύεται στη συνέχεια.

1. *Καταχώριση*: Μια αλλαγή στο Scope μπορεί να ζητηθεί οποιαδήποτε στιγμή σε ένα έργο. Για να διασφαλίσουμε ότι οι ζητούμενες αλλαγές αντιμετωπίζονται σωστά και καταγράφονται σε ένα αρχείο καταγραφής αλλαγών, το πρώτο που πρέπει να γίνει είναι να καταγραφεί το αίτημα αλλαγής όπως δημιουργήθηκε. Έτσι, η διαδικασία διαχείρισης αλλαγών ξεκινά με έναν αιτούντα που συμπληρώνει και υποβάλλει μια φόρμα αίτησης αλλαγής. Η μορφή της φόρμας συνήθως δίνεται από το PMO και χρησιμοποιείται η ίδια σε όλα τα έργα του οργανισμού για να υπάρχει συνέπεια στη συλλογή των δεδομένων. Συνήθως περιλαμβάνει πεδία όπως την περιγραφή της αλλαγής, το λόγο της αλλαγής, την εκτιμώμενη προσπάθεια για να υλοποιηθεί και τα σχετικά έξοδα, καθώς και τα οφέλη που θα προκύψουν από αυτή την αλλαγή.

2. ***Αξιολόγηση***: Αφού καταχωριστεί το αίτημα, θα πρέπει να αξιολογηθεί ο αντίκτυπος της αλλαγής στους στόχους του έργου. Στόχος είναι να υπολογιστεί ο λόγος κόστους-οφέλους που προκύπτει από την αλλαγή, οι επιπτώσεις στον προϋπολογισμό και το χρονοδιάγραμμα του έργου, και εάν υπάρχουν διαθέσιμοι πόροι για την υλοποίηση της αλλαγής εφόσον εγκριθεί. Το αποτέλεσμα αυτής της ανάλυσης πρέπει να τεκμηριωθεί και ο Project Manager θα πρέπει να διασφαλίσει ότι η ανάλυση αυτή θα πραγματοποιηθεί διεξοδικά, προκειμένου να δικαιολογηθεί η αντίστοιχη απόφαση της υλοποίησης της αλλαγής.

3. ***Απόφαση***: Ο φορέας που έχει την ευθύνη να αποφασίζει για τις αλλαγές σε ένα έργο είναι συνήθως γνωστός ως Change Control Authority (Αρχή Ελέγχου Αλλαγών), ή κάτι παρόμοιο. Εναπόκειται στον εν λόγω φορέα να λάβει θέση σχετικά με την εφαρμογή (ή όχι) της αιτούμενης αλλαγής. Η απόφασή του μπορεί να είναι μία από τις παρακάτω: έγκριση αλλαγής, απόρριψη αλλαγής, ή αναβολή αλλαγής (μέχρι κάποια συγκεκριμένη ημερομηνία) και θα πρέπει να τεκμηριωθεί με επίσημη καταγραφή, καθώς πρόκειται για τροποποίηση της αρχικά εγκεκριμένης baseline.

4. ***Υλοποίηση***: Σε περίπτωση ευνοϊκής απόφασης για την αλλαγή, το τελευταίο βήμα στη διαδικασία διαχείρισης αλλαγών είναι η υλοποίηση της αιτούμενης αλλαγής. Η configuration management process (διαδικασία διαχείρισης της διαμόρφωσης) είναι στενά συνδεδεμένη με τη διαδικασία διαχείρισης της αλλαγής και εφαρμόζεται στη φάση αυτή. Με αυτή θα εξασφαλιστεί ότι τα σχετικά αρχεία και έγγραφα έχουν ενημερωθεί και αντικατοπτρίζουν τη νέα κατάσταση που επέφερε η αλλαγή.

Διαχείριση προσδοκιών (μάθετε να λέτε «όχι»)

Αν και είναι σημαντικά τα εργαλεία και οι διαδικασίες υλοποίησης, δεν επαρκούν για να εξασφαλίσουν επαρκείς συνθήκες για αποτελεσματικό έλεγχο του Scope. Και όσο εμπλέκονται άνθρωποι, τόσο περισσότερες «μαγικές» αλλαγές θα συμβαίνουν.

Το κλειδί της επιτυχίας είναι η ενσωμάτωση στην οργανωτική κουλτούρα της σπουδαιότητας του να γνωρίζουμε πότε να πούμε «όχι» σε μια αλλαγή, τονίζοντας ότι αυτό δεν έχει καμία σχέση με προσωπικά ζητήματα ή αντιπαραθέσεις, αλλά με τον αποτελεσματικό έλεγχο του Scope του έργου.

Συχνά, ο ίδιος ο Project Manager φέρνει τον εαυτό του σε δύσκολη θέση όταν αποτυγχάνει στο να εξασφαλίσει κοινή κατανόηση για το Scope του έργου από όλους. Ή όταν δεν το τεκμηριώνει με σαφή τρόπο και δεν δείχνει αποφασιστικότητα στον περιορισμό του, επιτρέποντας φαινομενικά ακίνδυνες «μαγικές» αλλαγές.

Εντούτοις, οι ανεξέλεγκτες «μαγικές» αλλαγές είναι εκείνες που θα οδηγήσουν σε δυσανάλογη αύξηση στο Scope και θα «εκτροχιάσουν» το έργο. Η αποτελεσματική λοιπόν διαχείριση των προσδοκιών του πελάτη δεν είναι μόνο επιθυμητή, αλλά επιτακτική για την επιτυχία του.

Αν σας άρεσε η ιστορία αυτή, δείτε τα παρακάτω:

- Khan, A. (2006). Project scope management. Cost engineering, 48(6), 12-16.
- Kuprenas, J. A., & Nasr, E. B. (2003). Controlling design-phase scope creep. AACE International Transactions, CS11.
- Hussain, O. A. (2012). Direct cost of scope creep in governmental construction projects in Qatar. Global Journal of Management And Business Research, 12(14)
- Abramovici, A. (2000). Controlling scope creep. PM NETWORK , 14 (1), 44-50.
- Scope Creep - A Lethal Project Disease, Thoughts on Prevention and Cure, http://imsi-pm.com/home/library/scope_creep.pdf (15/08/2016)

ΤΑ ΤΡΙΑ ΜΙΚΡΑ ΓΟΥΡΟΥΝΑΚΙΑ

Μια φορά κι έναν καιρό,
Όταν τα γουρουνάκια μιλούσαν τραγουδιστά
Και οι μαϊμούδες μασούσαν καπνό,
Οι κοτούλες πουλούσαν τσαμπουκά
Και οι πάπιες φωνάζαν «Πα! Πα! Πα!» μέσα στο νερό!

Υπήρχε μια μαμά γουρουνίτσα με τρία μικρά γουρουνάκια που δεν είχε αρκετά για να τα φροντίσει και τα έστειλε μόνα τους να αναζητήσουν την τύχη τους. Το πρώτο γουρουνάκι που βγήκε, συνάντησε έναν άνδρα με ένα δεμάτι άχυρα.

«Σε παρακαλώ, κύριε, δώσε μου άχυρα για να χτίσω το σπιτάκι μου», του είπε.

Ο άνδρας του τα έδωσε και το μικρό γουρουνάκι έχτισε ένα σπιτάκι με αυτά. Ο κακός ο λύκος ήρθε και χτύπησε την πόρτα του φωνάζοντας:

«Μικρό μου γουρουνάκι, άφησέ με να μπω μέσα». Το γουρουνάκι του απάντησε:

«Όχι, κακέ λύκε, δεν σε αφήνω που να χτυπιέσαι κάτω.» Και ο λύκος του απάντησε:

«Ε τότε κι εγώ, θα φυσήξω, θα φυσήξω δυνατά και το σπιτάκι σου θα ρίξω.»

Έτσι και έγινε, φύσηξε και φύσηξε ξανά και ξανά, τόσο δυνατά που το σπιτάκι γκρεμίστηκε και ο λύκος έφαγε το μικρό γουρουνάκι.

Το δεύτερο γουρουνάκι συνάντησε έναν άνδρα που είχε ξύλα.

«Σε παρακαλώ, κύριε, δώσε μου αυτά τα ξύλα για να φτιάξω ένα σπιτάκι», του είπε.

Ο άνδρας του τα έδωσε και το μικρό γουρουνάκι έχτισε ένα σπιτάκι με αυτά. Τότε ήρθε ο κακός λύκος και φώναξε:

«Μικρό μου γουρουνάκι, άφησέ με να μπω μέσα».

«Όχι, κακέ λύκε, δεν σε αφήνω που να χτυπιέσαι κάτω.»

«Ε τότε κι εγώ, θα φυσήξω, θα φυσήξω δυνατά και το σπιτάκι σου θα ρίξω.»

Έτσι και έγινε, φύσηξε και φύσηξε ξανά και ξανά και ξανά, τόσο δυνατά που στο τέλος το σπιτάκι γκρεμίστηκε και ο λύκος έφαγε το μικρό γουρουνάκι.

Το τρίτο γουρουνάκι συνάντησε έναν άνδρα με ένα φορτίο από τούβλα.

«Σε παρακαλώ, κύριε, δώσε μου αυτά τα τούβλα για να φτιάξω ένα σπιτάκι», του είπε

Ο άνδρας του τα έδωσε και το μικρό γουρουνάκι έχτισε ένα σπιτάκι με αυτά. Τότε ήρθε και πάλι ο κακός λύκος και όπως και με τα άλλα γουρουνάκια, φώναξε:

«Μικρό μου γουρουνάκι, άφησέ με να μπω μέσα».

«Όχι, κακέ λύκε, δεν σε αφήνω που να χτυπιέσαι κάτω.»

«Ε τότε κι εγώ, θα φυσήξω, θα φυσήξω δυνατά και το σπιτάκι σου θα ρίξω.»

Έτσι και έγινε, φύσηξε και φύσηξε και ξαναφύσηξε ξανά και ξανά και ξανά, αλλά δεν μπόρεσε να ρίξει το σπιτάκι. Αφού κατάλαβε ότι φυσώντας και ξεφυσώντας δεν θα μπορέσει να το ρίξει, είπε:

«Μικρό γουρουνάκι, ξέρω ένα χωράφι εδώ κοντά που έχει νόστιμα γογγύλια.»

«Πού;» είπε το μικρό γουρουνάκι.

«Να, εδώ παρακάτω, στο αγρόκτημα του κυρίου Σμιθ. Αν είσαι έτοιμος αύριο το πρωί, θα περάσω να σε φωνάξω και θα πάμε παρέα να φέρουμε μερικά να μαγειρέψουμε.»

«Πολύ καλά», είπε το μικρό γουρουνάκι, «θα είμαι έτοιμος. Τι ώρα θα περάσεις;»

«Στις έξι ακριβώς.»

Όμως το μικρό γουρουνάκι ξύπνησε στις πέντε και πήγε και πήρε τα γογγύλια πριν έρθει ο λύκος (που ήρθε στις έξι). Όταν ο λύκος ήρθε, είπε: «Μικρό γουρουνάκι, είσαι έτοιμος;»

Και το μικρό γουρουνάκι απάντησε: «Είμαι έτοιμος. Πήγα ήδη και γύρισα και έχω έτοιμο ένα νόστιμο φαγητό να φάω.»

Ο λύκος αισθάνθηκε πολύ θυμωμένος με αυτό, αλλά σκέφτηκε ότι θα βρει άλλο τρόπο να φάει το γουρουνάκι.

«Μικρό γουρουνάκι, ξέρω μια μηλιά εδώ κοντά», του είπε.

«Πού;» είπε το μικρό γουρουνάκι.

«Εδώ πιο κάτω, στον κήπο του Μέρι», απάντησε ο λύκος, «και αν δεν με εξαπατήσεις θα έρθω για σένα στις πέντε αύριο το πρωί για να πάμε να πάρουμε μερικά μήλα.»

Και που λέτε, το μικρό γουρουνάκι έτρεξε πρωί-πρωί στις τέσσερις για να πάρει τα μήλα, ελπίζοντας να γυρίσει πίσω πριν έρθει ο λύκος. Αλλά είχε μεγαλύτερη διαδρομή να κάνει και έπρεπε να ανέβει και στο δέντρο, και έτσι καθώς κατέβαινε από αυτό είδε το λύκο να έρχεται, κάτι που όπως καταλάβατε το τρόμαξε πάρα πολύ. Όταν ο λύκος έφτασε, του είπε:

«Μικρό γουρουνάκι; Έφτασες πριν από μένα; Είναι ωραία τα μήλα;»

«Ναι, πάρα πολύ», είπε το μικρό γουρουνάκι. «Θα σου ρίξω ένα να δεις.»

Και το έριξε τόσο μακριά που καθώς ο λύκος πήγε να το μαζέψει, το μικρό γουρουνάκι κατέβηκε και έτρεξε στο σπίτι του. Την επόμενη μέρα, ο λύκος ήρθε πάλι και είπε στο μικρό γουρουνάκι:

«Μικρό γουρουνάκι, έχει ένα πανηγύρι στην πόλη σήμερα το απόγευμα, θέλεις να πάμε;»

«Ω, ναι», είπε το γουρουνάκι. «Θα πάμε. Τι ώρα θα είσαι έτοιμος;»

«Στις τρεις το μεσημέρι», είπε ο λύκος. Το μικρό γουρουνάκι όμως πήγε στο πανηγύρι νωρίτερα όπως και τις άλλες φορές, αγόρασε μια βουτυρομηχανή και καθώς επέστρεφε στο σπίτι, είδε τον λύκο να έρχεται. Δεν ήξερε τι να κάνει. Έτσι, κρύφτηκε μέσα στο δοχείο. Καθώς όμως μπήκε μέσα, αυτό έπεσε και άρχισε να κατρακυλά στην πλαγιά με το γουρουνάκι μέσα. Ο λύκος που ανέβαινε τρόμαξε τόσο πολύ, που έφυγε ξεχνώντας το πανηγύρι. Πήγε αργότερα στο μικρό γουρουνάκι και του είπε πόσο τρόμαξε από ένα κυλινδρικό πράγμα που ερχόταν κατά πάνω του καθώς πήγαινε στο πανηγύρι. Τότε το μικρό γουρουνάκι του είπε:

«Χα χα, εγώ σε τρόμαξα. Ήμουν στο πανηγύρι και αγόρασα μια βουτυρομηχανή και μετά σε είδα που ερχόσουν και μπήκα μέσα και κατέβηκα το λόφο με αυτή.»

Τότε ο λύκος θύμωσε πραγματικά και φώναξε ότι θα μπει στο σπιτάκι από την καμινάδα και θα φάει το μικρό γουρουνάκι.

Μόλις το μικρό γουρουνάκι άκουσε το νέο σχέδιο του λύκου,

έβαλε στο τζάκι μια μεγάλη κατσαρόλα με νερό, άναψε τη φωτιά και καθώς ο λύκος κατέβαινε από την καμινάδα, άνοιξε το καπάκι και, μπλουμ, έπεσε μέσα! Το μικρό γουρουνάκι έκλεισε αμέσως το καπάκι και μαγείρεψε τον λύκο, τον έφαγε για μεσημεριανό και ζήσαν αυτοί καλά και εμείς καλύτερα.

Προσαρμογή από Jacobs, J. (1890).

Πώς σχετίζεται με το Project Management;

Μπορούμε να ερμηνεύσουμε την ιστορία με τα τρία γουρουνάκια από δύο οπτικές γωνίες. Η πρώτη έχει να κάνει με το πόσο σημαντική είναι η οικοδόμηση γερών θεμελίων σε ένα έργο. Η δεύτερη με το ότι είναι απαραίτητη η αξιολόγηση διαφορετικών σεναρίων των κινδύνων (risks) ενός έργου.

Βασίζοντας τις διαδικασίες διαχείρισης έργων σε καθιερωμένες μεθοδολογίες ή μοντέλα, οι Project Managers στηρίζονται σε πρακτικές που έχουν ήδη χρησιμοποιηθεί και δοκιμαστεί από άλλους και δεν χρειάζεται να «εφεύρουν τον τροχό» κάθε φορά που ξεκινάει ένα καινούργιο έργο. Είναι επίσης εφοδιασμένοι με ένα σημείο αναφοράς που δίνει το παράδειγμα για το πώς πρέπει να είναι η καλή διαχείριση ενός έργου.

Ωστόσο, είναι σημαντικό να τονίσουμε ότι δεν πρέπει να ακολουθήσουμε τυφλά τη μεθοδολογία για να επιτύχουμε τη σωστή πρακτική. Η κριτική σκέψη και η επαγγελματική κοινή λογική είναι απαραίτητες προκειμένου να εμποδίσουμε τους αδιάλλακτους «λάτρεις της μεθοδολογίας», οι οποίοι παραβλέπουν τα χαρακτηριστικά ενός έργου (διάσταση, πολυπλοκότητα κλπ.) υπέρ της αποκλειστικής εφαρμογής μιας μεθοδολογίας.

Μάλιστα λέγεται ότι η διαφορά μεταξύ ενός «λάτρη της μεθοδολογίας» και ενός τρομοκράτη έγκειται στο γεγονός ότι με έναν τρομοκράτη έχεις τη δυνατότητα να διαπραγματευτείς!

Από όλες τις διαδικασίες διαχείρισης έργων αξίζει να επισημάνουμε τις διαδικασίες Διαχείρισης Κινδύνων (Risk Management) ως εκείνες που επιδιώκουν να ελαχιστοποιήσουν τις απειλές και να μεγιστοποιήσουν τυχόν ευκαιρίες που θα προκύψουν στο έργο.

Είναι θεμελιώδους σημασίας στη διαδικασία διαχείρισης κινδύνων, η ίδια η έννοια του κινδύνου (risk), που χαρακτηρίζεται ως ένα αβέβαιο γεγονός που μπορεί να προκύψει από το συνδυασμό μιας δεδομένης πιθανότητας και του αντίκτυπού της. Αν ο κίνδυνος συμβεί, θα επηρεάσει την επίτευξη των στόχων του έργου. Στην πράξη, πρέπει να σχεδιαστεί η απάντηση στο «τι-θα-συμβεί-αν» σε κάθε μία αβεβαιότητα του έργου.

Ηθικό δίδαγμα της ιστορίας

Όπως και με τα τρία γουρουνάκια, ο κάθε Project Manager αντιμετωπίζει διαφορετικά τους κινδύνους και τη διαχείρισή τους. Η αναγνώριση αυτών των διαφορών και το πώς μπορούν να επηρεάσουν ένα έργο, είναι ένας σημαντικός παράγοντας και μπορεί να καθορίσει την επιτυχία ή την αποτυχία τους, ιδιαίτερα σε σύνθετα έργα ή σε έργα με μεγαλύτερη έκθεση σε κινδύνους.

Ωστόσο, η επιχειρησιακή αριστεία δεν αφορά μόνο σε ατομικό επίπεδο, αλλά και σε επίπεδο οργανισμού αλλά και άλλων φορέων οργάνωσης ή/και υποστήριξης (όπως το PMO). Όλοι αυτοί θα πρέπει να δημιουργήσουν μια στέρεη βάση για τη διαχείριση των έργων και πιο συγκεκριμένα μέσω της εφαρμογής συγκεκριμένων μεθοδολογιών.

Ξεκινήστε με best practices (βέλτιστες πρακτικές)

Ένα πρώτο σημαντικό βήμα για έναν ανώριμο οργανισμό πάνω στη διαχείριση έργων είναι η καθιέρωση της δικής του μεθοδολογίας προκειμένου να διασφαλιστεί η συνέπεια στις εργασιακές πρακτικές, αλλά και να καθιερωθεί μια κοινή γλώσσα κατανοητή από όλους όσους εμπλέκονται στα έργα.

Αν και συστήνεται να προσαρμοστεί η μεθοδολογία αυτή με βάση το προφίλ των έργων στο portfolio (χαρτοφυλάκιο) του οργανισμού, συνήθως αυτό είναι το δεύτερο ή το τρίτο βήμα προς την επίτευξη της ωριμότητας, καθώς πρέπει πρώτα να εδραιωθεί μια κουλτούρα διαχείρισης έργων.

Αν εφαρμοστούν οι βέλτιστες πρακτικές που έχουν υιοθετηθεί από ήδη καθιερωμένα μοντέλα και μεθοδολογίες στην αγορά (όπως για παράδειγμα PMI, PRINCE2©, Scrum, SDLC, κλπ.) τότε έχουμε κάνει ένα σημαντικό βήμα ωριμότητας στη διαχείριση έργων.

Ορίστε μια Διαδικασία Διαχείρισης Κινδύνων

Το risk management (διαχείριση κινδύνων) δεν πρέπει να είναι μια μεμονωμένη και σποραδική διαδικασία, αλλά περισσότερο μια ομαδική και συστηματική άσκηση. Στοχεύει στο να προσδιορίσει τι μπορεί να πάει στραβά σε ένα έργο, ποιες είναι οι συνέπειες και ποιες δράσεις αντίδρασης μπορούν να σχεδιαστούν για τη μείωση των πιθανοτήτων και των επιπτώσεων ενός κινδύνου.

Αυτό το σύνολο των ενεργειών συνήθως αποτελείται από πέντε βασικά βήματα:

Αναγνώριση: Ο στόχος αυτού του πρώτου βήματος είναι να εντοπίσει κινδύνους στους στόχους του έργου, προκειμένου να ελαχιστοποιηθούν οι απειλές και να μεγιστοποιηθούν οι ευκαιρίες. Ο εντοπισμός των κινδύνων δεν πρέπει να γίνεται μόνο από τον Project Manager, αλλά και από όλους τους εμπλεκόμενους στο έργο.

Αξιολόγηση: Κάθε κίνδυνος που αναγνωρίζεται πρέπει να αξιολογείται ποιοτικά ώστε να προσδιοριστεί η πιθανότητα εμφάνισης και η επίδρασή του στους στόχους του έργου. Εκτός από την ποιοτική αξιολόγηση, μια καλή επιπρόσθετη πρακτική είναι η διενέργεια ποσοτικής αξιολόγησης του κινδύνου, δηλαδή η ποσοτικοποίηση (σε νομισματική αξία) της επίπτωσης ενός κινδύνου εάν συμβεί.

Σχέδιο αντιμετώπισης: Θα πρέπει να έχουμε προετοιμάσει για κάθε κίνδυνο το αντίστοιχο response plan (σχέδιο αντιμετώπισης) το οποίο θα μετριάσει την απειλή ή θα εκμεταλλευτεί την ευκαιρία, και θα αναφέρει λεπτομερώς τι πρέπει να γίνει, πότε και από ποιον.

Εφαρμογή: Με την εφαρμογή αυτών των ενεργειών αντιμετώπισης, ο Project Manager επιδιώκει να διασφαλίσει αποτελεσματική αντιμετώπιση του κινδύνου και θα έχει επιπλέον διορθωτικές ενέργειες σε περίπτωση που η σχεδιαζόμενη αντιμετώπιση αποδειχθεί αναποτελεσματική.

Αναφορά: Η συστηματική επικοινωνία των κινδύνων μέσω της περιοδικής αναφοράς της κατάστασής τους αλλά και ως θέμα στην ατζέντα των συναντήσεων, θα οδηγήσει στη συνειδητοποίησή τους σε βάθος, ενώ με τη συνεχή παρακολούθησή τους θα καταφέρουμε να αναγνωρίσουμε ενδεχόμενα και νέους κινδύνους.

Estimation by intervals (Εκτιμήσεις ανά διαστήματα)

Το να βασίσουμε την εκτίμηση της επίπτωσης (σε χρόνο, κόστος, εργασία, πόρους) ενός κινδύνου πάνω σε ένα μόνο σενάριο και μια απόλυτη τιμή, είναι και αυτό ένας επιπρόσθετος κίνδυνος για τον οργανισμό. Δείχνει ότι βρίσκεται ακόμη σε βρεφικό στάδιο ωριμότητας ως προς την ικανότητά του στις εκτιμήσεις.

Ως εναλλακτική προσέγγιση, προτείνεται η χρήση της εκτίμησης ανά διαστήματα, όπως είναι για παράδειγμα η «εκτίμηση τριών σημείων», περισσότερο γνωστή ως μέθοδος εκτίμησης PERT (Project Evaluation and Review Technique). Η εκτίμηση προκύπτει από έναν σταθμισμένο μέσο όρο χρησιμοποιώντας τρία σενάρια, από τα οποία το πιο πιθανό έχει μεγαλύτερο βάρος στην εξίσωση:

(Αισιόδοξη εκτίμηση + 4 x Πιο πιθανή εκτίμηση + Απαισιόδοξη εκτίμηση) / 6

Σε αντίθεση με την εκτίμηση που βασίζεται σε ένα σημείο, η εκτίμηση ανά διαστήματα βοηθάει τον Project Manager να αποκτήσει μεγαλύτερη εμπιστοσύνη στις εκτιμήσεις του. Έτσι τον προετοιμάζει καλύτερα για ό,τι απρόοπτο μπορεί να φέρει ο κίνδυνος αν συμβεί.

Ορίστε ένα risk budget (προϋπολογισμό κινδύνου)

Εάν το έργο έχει υψηλό επίπεδο έκθεσης σε κινδύνους, μπορεί να είναι σκόπιμο να οριστεί προϋπολογισμός για την υλοποίηση των μέτρων μετριασμού τους.

Αυτός ο προϋπολογισμός δεν πρέπει να είναι απλά ένα τυχαίο ποσό για την κάλυψη όλων των κινδύνων, αλλά μάλλον το άθροισμα των εκτιμώμενων δαπανών για την αντιμετώπιση κάθε ενός από τους κινδύνους που εντοπίζονται στο έργο (τα «unknown knowns»).

Οι κίνδυνοι που είναι εντελώς άγνωστοι για την ομάδα του έργου («unknown unknowns»), είναι δύσκολο να προσδιοριστούν ή να αξιολογηθούν και καλύπτονται συνήθως από το αποθεματικό απροβλέπτων (contingency / management reserve) του έργου.

Κατανοήστε την ανοχή και τη διάθεση ανάληψης ρίσκων σε ένα έργο

Όπως ακριβώς συνέβη και με τα Τρία Γουρουνάκια που έχτισαν τα σπιτάκια τους με διαφορετικά υλικά, έχοντας διαφορετική διάθεση και ανοχή σε ενδεχόμενους κινδύνους (και όχι απλά λόγω της τεμπελιάς τους!), έτσι και οι εμπλεκόμενοι στο έργο θα αντιμετωπίσουν τους κινδύνους με διαφορετικό τρόπο ο καθένας ανάλογα με το προσωπικό επίπεδο ανοχής αλλά και τη διάθεση ανάληψης ρίσκων.

Το risk tolerance (ανοχή στον κίνδυνο) είναι το επίπεδο έκθεσης σε κίνδυνο που ένας οργανισμός είναι διατεθειμένος να αντιμετωπίσει, ενώ η διάθεση ανάληψης ρίσκων αναφέρεται στο επίπεδο κινδύνου στο οποίο επιδιώκει να εκτεθεί ο οργανισμός.

Η ανοχή στον κίνδυνο και η διάθεση ανάληψης ρίσκων εξαρτώνται, μεταξύ άλλων, από τον τομέα στον οποίο δραστηριοποιείται ο οργανισμός. Για παράδειγμα, ένα νοσοκομείο τείνει να ανέχεται λιγότερο τους κινδύνους σε σχέση με μια εταιρεία χρηματοοικονομικών επενδύσεων που έχει υψηλό επίπεδο ανοχής και έντονη διάθεση ανάληψης ρίσκων.

Έτσι, προκειμένου να διασφαλιστεί μια αποτελεσματική ισορροπία των προσδοκιών των εμπλεκομένων, είναι σημαντικό ο Project Manager, σε ευθυγράμμιση με το επίπεδο ανοχής στον κίνδυνο που ορίζεται στο σύνολο του οργανισμού, να επιβεβαιώσει το επίπεδο ανοχής που επιτρέπεται για το έργο.

Να προσδοκάτε το καλύτερο, να είστε προετοιμασμένοι για το χειρότερο και να αποδεχτείτε ό,τι έρθει

Ποτέ δεν μπορεί να υπάρξει απεριόριστη προετοιμασία. Απρόοπτα συμβαίνουν κάθε μέρα και ο Project Manager πρέπει να είναι προετοιμασμένος για διάφορα σενάρια, συμπεριλαμβανομένου και του σεναρίου της χειρότερης περίπτωσης.

Ωστόσο, η αριστεία (και οι προκλήσεις της!) στη Διαχείριση Κινδύνων βρίσκεται στην κατάλληλη εξισορρόπηση της προσπάθειας που θα επενδυθεί στην προετοιμασία, σε αντιπαράθεση πάντα με τις πιθανότητες να συμβεί ο κίνδυνος. Για το λόγο αυτό, ο Project Manager πρέπει να εμπλέξει όλη την ομάδα έργου προκειμένου να διασφαλίσει προσεκτική παρακολούθηση των κινδύνων καθ' όλο τον κύκλο ζωής του έργου.

Αν σας άρεσε η ιστορία αυτή, δείτε τα παρακάτω:

- A Guide to the Project Management Body of Knowledge (PMBOK® Guide) — Fifth Edition (2013). Project Management Institute
- APM Body of Knowledge 6th edition (2012). Association for Project Management
- Chapman, C., & Ward, S. (2003). Project risk management: processes, techniques and insights.
- Managing Successful Projects with PRINCE2 (2009). Office of Government Commerce (OGC). The Stationery Office.
- Wideman, R. M. (Ed.). (1992). Project and program risk management: a guide to managing project risks and opportunities. Project Management Institute.

ΤΟ ΚΟΤΟΠΟΥΛΟ ΚΑΙ ΤΟ ΓΟΥΡΟΥΝΙ

Ένα κοτόπουλο περπατούσε μαζί με ένα γουρούνι στο δρόμο.

«Ει, γουρούνι, σκεφτόμουν να ανοίξουμε ένα εστιατόριο, τι λες;» λέει το κοτόπουλο.

«Χμμ, ίσως. Αλλά τι όνομα θα του δώσουμε;» απαντά το γουρούνι.

«Τι λες να το ονομάσουμε "Αυγά-Με-Μπέικον";»

Το γουρούνι το σκέφτηκε για λίγο και είπε: «Όχι, ευχαριστώ. Γιατί έτσι, εγώ θα είμαι δεσμευμένος ενώ εσύ απλά θα συμμετέχεις!»

Pupek, Daniel (άγνωστη ημερομηνία). Chicken and Pig Make Breakfast. Ξαναγράφτηκε στο blog του "The Agile Jedi". (Ανακτήθηκε από http://www.agilejedi.com/chickenandpig)

Πώς σχετίζεται με το Project Management;

Η ιστορία με το κοτόπουλο και το γουρούνι αναδεικνύει την ανάγκη της συνεχούς επιβεβαίωσης για τα μέλη μιας ομάδας έργου. Μπορεί να συμμετέχουν (όπως το κοτόπουλο) ή απλά να έχουν δεσμευτεί (όπως το γουρούνι) στο έργο.

Η ερώτηση που πρέπει να απαντηθεί σε ένα έργο είναι αν τα μέλη της ομάδας είναι «γουρούνια» ή «κοτόπουλα».

Στην πραγματικότητα, στην παραπάνω ερώτηση, οι περισσότεροι θα απαντούσαν ότι είναι ακριβώς όπως το γουρούνι. Το πρόβλημα όμως είναι ότι αν όλοι -όπως λένε- έχουν δεσμευτεί, τότε όλοι έχουν την ευθύνη να πάρουν και αποφάσεις, οδηγώντας έτσι σε σύγχυση την ομάδα σχετικά με τις πραγματικές ευθύνες του καθενός.

Το «γουρούνι» όμως είναι αυτό που δίνεται «ψυχή και σώματι». Αυτό, στον κόσμο της διαχείρισης έργων, αντιπροσωπεύει την ομάδα έργου, τους ανθρώπους δηλαδή που καθημερινά κάνουν όλη τη δουλειά. Τα «κοτόπουλα» από την άλλη πλευρά, αντιπροσωπεύουν τους ανθρώπους που έχουν όφελος από το τελικό αποτέλεσμα της εργασίας των «γουρουνιών» αλλά δεν συμμετέχουν στην πράξη.

Η καλή σχέση μεταξύ αυτών των δύο ομάδων αποτελεί βασικό παράγοντα για την επιτυχία του έργου. Αυτές οι ομάδες δεν είναι αντίθετες αλλά συμπληρωματικές, αφού όσο το έργο χρειάζεται «γουρούνια», άλλο τόσο χρειάζεται και «κοτόπουλα».

Ηθικό δίδαγμα της ιστορίας

Για να δημιουργηθούν ένα περιβάλλον με υψηλά επίπεδα παρακίνησης, μια αφοσιωμένη ομάδα και ένας ενεργός και διαθέσιμος Sponsor για το έργο, είναι σημαντικό να δημιουργηθούν μηχανισμοί υποστήριξης της προώθησης και ενίσχυσης των επιθυμητών συμπεριφορών και στάσεων, τόσο στο έργο όσο και στον οργανισμό.

Ορισμένοι οργανισμοί ορίζουν ως αρμοδιότητα του τμήματος Ανθρώπινου Δυναμικού (HR), όλες τις δραστηριότητες που σχετίζονται με τους ανθρώπινους πόρους. Θα μπορούσαμε όμως να ακολουθήσουμε μια εναλλακτική επιλογή, την ανάθεση αρμοδιοτήτων διαχείρισης σταδιοδρομίας (συμπεριλαμβανομένων των αξιολογήσεων απόδοσης και των εκπαιδευτικών αναγκών) στο PMO.

Διασφαλίστε σαφείς αρμοδιότητες

Ξεκάθαροι ρόλοι και αρμοδιότητες διασφαλίζουν ότι όλοι γνωρίζουν τι πρέπει να κάνει ο καθένας, αλλά και τι θα περιμένουν από τον καθένα στο έργο.

Μεταξύ των διαφόρων εργαλείων που υπάρχουν για τον ορισμό αρμοδιοτήτων, ένα από τα πιο γνωστά είναι ο πίνακας ανάθεσης ευθύνης (responsibility assignment matrix - RAM). Ο πίνακας αυτός συνδυάζει τους διαφορετικούς ρόλους του έργου με τις διαφορετικές εργασίες ή παραδοτέα, εκχωρώντας διαφορετικά επίπεδα ευθύνης ανάλογα με την περίπτωση, χρησιμοποιώντας συνήθως τα αρχικά RACI όπως περιγράφεται παρακάτω:

R (responsible): αυτός που εκτελεί την εργασία
A (accountable): αυτός που είναι υπεύθυνος για τη διασφάλιση της ολοκλήρωσης της εργασίας
C (consulted): αυτός που θα γνωμοδοτήσει (συμβουλευτικά) για την εργασία
I (informed): αυτός που θα ενημερωθεί για την εργασία

Αν απαιτείται, ο πίνακας RACI μπορεί να επεκταθεί ώστε να συμπεριλάβει και άλλες αρμοδιότητες, όπως για παράδειγμα ο πίνακας RACI-VS, όπου το V αντιπροσωπεύει την ευθύνη για επαλήθευση ή επικύρωση (verify/validate) και το S την ευθύνη για τελική έγκριση (sign-off). Μια εναλλακτική σε αυτό το μοντέλο είναι ο πίνακας PARIS (participant, accountable, review, input, sign-off), που χρησιμοποιείται με την ίδια λογική.

Kick-off meeting (Εναρκτήρια συνάντηση)

Ακόμη και όταν έχουμε μια μικρή σε μέγεθος ομάδα έργου, είναι πολύ χρήσιμο να διοργανωθεί ένα kick-off meeting (εναρκτήρια συνάντηση) στο ξεκίνημα του έργου. Αυτή η συνάντηση είναι μια σημαντική στιγμή του έργου, δεδομένου ότι σηματοδοτεί την επίσημη έναρξή του και μπορεί να προάγει τη ενεργό συμμετοχή όλων των εμπλεκομένων για να συνεργαστούν για έναν κοινό στόχο.

Σε αυτή τη συνάντηση έχουμε την ευκαιρία να αναδείξουμε τους ρόλους των μελών στην ομάδα και των εμπλεκομένων στο έργο, καθώς και να διασφαλίσουμε ότι όσον αφορά τις ευθύνες, όλοι βρίσκονται στην «ίδια σελίδα».

Επιπλέον, στη συνάντηση αυτή, ο Project Manager θα περιγράψει τα επόμενα βήματα ξεκαθαρίζοντας σε όλους το μοντέλο διακυβέρνησης και όλες τις υπόλοιπες πτυχές της διαχείρισης της ομάδας, όπως είναι η επικοινωνία των εμπλεκομένων αλλά και ο τρόπος διαχείρισης των κινδύνων του έργου.

Ανασκόπηση απόδοσης

Σε συμφωνημένα χρονικά διαστήματα ή τουλάχιστον στο τέλος του έργου, ο Project Manager οφείλει να αξιολογήσει την απόδοση της ομάδας αλλά και να απαιτήσει και τη δική του αξιολόγηση από την ομάδα.

Οι αξιολογήσεις απόδοσης μπορεί να κουράζουν ή να τρομάζουν ορισμένους. Για τους περισσότερους όμως, μια αξιολόγηση 360 μοιρών που βασίζεται στην ειλικρίνεια και την εποικοδομητική κριτική φέρνει ευκαιρίες για προβληματισμό και πραγματική βελτίωση.

Μερικές φορές είναι δύσκολο να αξιολογήσουμε αυστηρά τις δυνάμεις και τις αδυναμίες μας, οπότε η ύπαρξη της γνώμης ενός τρίτου μάς βοηθά να εντοπίσουμε καλύτερα τα κενά στις ικανότητές μας και να εξετάσουμε τις ανάγκες κατάρτισης και επαγγελματικής ανάπτυξης όπου χρειάζεται.

Σχέδιο σταδιοδρομίας

Στον κόσμο της διαχείρισης έργων, είναι πολύ συχνό φαινόμενο (ακόμη!) να βρίσκουμε Project Managers «από τύχη», δηλαδή επαγγελματίες που μεταπηδούν σε μια καριέρα διαχείρισης έργων μετά από επιτυχή απόδοση σε άλλον ή άλλους επαγγελματικούς τομείς.

Από την άλλη πλευρά, συναντάμε επίσης έναν αυξανόμενο αριθμό πιστοποιημένων Project Managers που έχουν εξελίξει την καριέρα τους πάνω σε έργα ολοένα και πιο περίπλοκα.

Ως εκ τούτου, είναι σημαντικό για τον κάθε οργανισμό να καθιερώσει ένα σχέδιο σταδιοδρομίας για τους επαγγελματίες της διαχείρισης έργων, έτσι ώστε να είναι γνωστά τα κριτήρια εξέλιξης και να μπορούν να αποτυπωθούν οι στόχοι της σταδιοδρομίας. Συνήθως το σχέδιο αυτό ορίζεται γενικά από το τμήμα Ανθρώπινου Δυναμικού του οργανισμού ή από τον PMO.

Εκπαίδευση των Sponsor

Ένας από τους πιο σημαντικούς ρόλους σε ένα έργο είναι ο Sponsor (Χορηγός). Συνήθως όμως οι οργανισμοί επενδύουν στην εκπαίδευση των Project Managers αλλά όχι και των sponsors τους.

Αυτό μπορεί να οδηγήσει σε μια κατάσταση όπου άτομα που έχουν τον σημαντικό ρόλο της καθοδήγησης και της διεύθυνσης στο έργο, συχνά δεν είναι επαρκώς καταρτισμένα με γνώσεις διαχείρισης έργων. Έτσι, αδυνατούν να απαντήσουν με τον καλύτερο δυνατό τρόπο σε ερωτήσεις ή να λύσουν συγκεκριμένα προβλήματα.

Παρόλο που δεν αναμένεται ο sponsor να εμπλακεί στις λεπτομέρειες της εκτέλεσης ενός έργου, είναι όμως πολύ σημαντικό για τη μέγιστη αξιοποίηση του ρόλου που έχει αναλάβει, να είναι ενήμερος για τις αρμοδιότητές του, για το τι περιμένουν οι άλλοι από αυτόν, για τη σημαντικότητα των αναφορών προόδου αλλά και για το χρόνο που πρέπει να επενδυθεί για την ανάλυση κινδύνων.

Σε τελική ανάλυση, οι συνήθεις αιτίες της αποτυχίας ενός έργου συνοψίζονται σε κακή διαχείριση ή κακή «χορηγία». Είναι επομένως απαραίτητο για τον οργανισμό να επενδύσει και σε αυτό το ρόλο. Με την ανάπτυξη των απαραίτητων δεξιοτήτων του sponsor, θα οδηγηθούμε προς ένα επιτυχημένο έργο.

Αν σας άρεσε η ιστορία αυτή, δείτε τα παρακάτω:

- Accountability: The Chicken and the Pig, Ty Kiisel, 2011 http://www.projectmanagement.com/blog-post/4207/Accountability--The-Chicken-and-the-Pig (15/08/2016)
- In projects, are you the pig or the chicken?, karimacatherine, 2010 http://3angelsmarketing.com/2010/05/482/
- Turner, J. R., Huemann, M., & Keegan, A. (2008). Human resource management in the project-oriented organisation. Project Management Institute.

Η ΚΟΚΚΙΝΟΣΚΟΥΦΙΤΣΑ

Μια φορά κι έναν καιρό, υπήρχε ένα αξιολάτρευτο κοριτσάκι που το αγαπούσαν όλοι. Πιο πολύ από όλους, την αγαπούσε η γιαγιά της που τη γέμιζε συνέχεια με δώρα. Μια μέρα, το δώρο της ήταν μια μικρή κάπα με κουκούλα φτιαγμένη από κόκκινο μετάξι. Της ταίριαξε τόσο πολύ, που από τότε ήθελε να τη φοράει κάθε μέρα. Έτσι έγινε πλέον γνωστή σε όλους ως η «Κοκκινοσκουφίτσα».

«Ορίστε, Κοκκινοσκουφίτσα, πάρε αυτό το καλάθι. Έχει ένα κομμάτι κέικ και ένα μπουκάλι κρασί. Πήγαινέ τα στη γιαγιά σου. Είναι άρρωστη και αδύναμη και θα νιώσει πολύ καλύτερα με αυτά. Να προσέχεις τους τρόπους σου και να της δώσεις τα χαιρετίσματά μου. Πρόσεχε στο δρόμο, μην ξεφύγεις από το μονοπάτι γιατί μπορεί να σκοντάψεις και να πέσεις κάτω, να σπάσει το μπουκάλι και να μην έχεις τίποτα να δώσεις στην άρρωστη γιαγιά σου», της είπε μια μέρα η μητέρα της.

Η Κοκκινοσκουφίτσα υποσχέθηκε ότι θα υπακούσει στις οδηγίες της μητέρας της. Η γιαγιά της ζούσε στο δάσος, μισή ώρα απόσταση από το χωριό. Μόλις η Κοκκινοσκουφίτσα μπήκε στο δάσος, εμφανίστηκε ένα λύκος μπροστά της. Δεν ήξερε ότι ήταν ένα κακό ζώο και γι' αυτό δεν τον φοβήθηκε.

«Καλημέρα, Κοκκινοσκουφίτσα.»
«Καλημέρα και σε σένα, λύκε.»

«Πού πας τόσο πρωί, Κοκκινοσκουφίτσα;»
«Πάω στο σπίτι της γιαγιάς μου.»

«Και τι είναι αυτά που κουβαλάς μέσα στο καλάθι σου;»
«Η γιαγιά μου είναι άρρωστη και αδύναμη, θα της πάω λίγο κέικ και κρασί. Το έψησε εχθές η μητέρα μου και θα την κάνει να νιώσει καλύτερα.»

«Κοκκινοσκουφίτσα, πού είναι το σπίτι της γιαγιάς σου;»

«Το σπίτι της είναι δεκαπέντε λεπτά περπάτημα μέσα από το δάσος, κάτω από τις τρεις μεγάλες βελανιδιές. Υπάρχει και ένας φράχτης με φουντουκιές γύρω γύρω. Μπορεί να το γνωρίζεις το μέρος», είπε η Κοκκινοσκουφίτσα.

Ο λύκος σκέφτηκε: «Θα την φάω σαν μια νόστιμη μπουκιά, αλλά πρέπει να σκεφτώ πώς ακριβώς θα την πιάσω.» Και είπε: «Κοίτα, Κοκκινοσκουφίτσα, είδες τα όμορφα λουλούδια που ανθίζουν μέσα στο δάσος; Γιατί δεν πας να τα δεις από κοντά; Θα ακούσεις και τα πουλάκια που κελαηδάνε τόσο όμορφα. Μη βιάζεσαι σα να πηγαίνεις στο σχολείο, το δάσος είναι πολύ όμορφο αρκεί να το προσέξεις.»

Η Κοκκινοσκουφίτσα άνοιξε διάπλατα τα μάτια της και είδε τις ηλιαχτίδες να περνούν ανάμεσα στα φύλλα των δένδρων και το έδαφος να είναι γεμάτο λουλούδια. «Αν φτιάξω ένα μπουκέτο λουλούδια και το πάω στη γιαγιά μου, θα χαρεί πολύ. Είναι νωρίς ακόμη, έχω χρόνο και δεν θα αργήσω», σκέφτηκε. Έτσι, έφυγε από το μονοπάτι για να μαζέψει λουλούδια. Κάθε φορά όμως που έκοβε ένα λουλούδι, έβλεπε ένα πιο όμορφο λίγο πιο μακριά και έτσι απομακρύνθηκε μέσα στο δάσος. Ο λύκος έτρεξε αμέσως στο σπίτι της γιαγιάς και κτύπησε την πόρτα.

«Ποιος είναι;»

«Είμαι η Κοκκινοσκουφίτσα. Σου φέρνω λίγο κέικ και κρασί. Άνοιξέ μου την πόρτα.»

«Απλά τράβα τον σύρτη», απάντησε η γιαγιά. «Είμαι πολύ αδύναμη για να σηκωθώ.»

Ο λύκος τράβηξε τον σύρτη και η πόρτα άνοιξε. Μπήκε μέσα, πήγε κατευθείαν στο κρεβάτι της γιαγιάς και την έφαγε. Μετά πήρε τα ρούχα της, τα φόρεσε και έβαλε και τη σκούφια της στο κεφάλι του. Ξάπλωσε στο κρεβάτι της και έκλεισε όλες τις κουρτίνες.

Η Κοκκινοσκουφίτσα, αφού μάζεψε όσα λουλούδια μπορούσε να κουβαλήσει, επέστρεψε στο μονοπάτι για το σπίτι της γιαγιάς. Μόλις έφτασε, παρατήρησε ότι η πόρτα ήταν ανοικτή. Περπάτησε μέχρι το σαλόνι και όλα της φάνηκαν τόσο περίεργα που σκέφτηκε: *«Μα γιατί να νιώθω φοβισμένη, συνήθως μου αρέσει να είμαι στο σπίτι της γιαγιάς.»* Πήγε στην κρεβατοκάμαρα και άνοιξε κάποιες από τις κουρτίνες. Η γιαγιά της ήταν ξαπλωμένη στο κρεβάτι με τη σκούφια της κατεβασμένη. Της φάνηκε πολύ παράξενο αυτό.

«Γιαγιάκα μου, τι μεγάλα αυτιά που έχεις!»
«Για να σε ακούω καλύτερα, παιδί μου.»

«Γιαγιάκα μου, τι μεγάλα μάτια που έχεις!»
«Για να σε βλέπω καλύτερα, παιδί μου.»

«Γιαγιάκα μου, τι μεγάλα χέρια που έχεις!»
«Για να σε αγκαλιάζω καλύτερα, παιδί μου.»

«Γιαγιάκα μου, τι μεγάλα δόντια που έχεις!»
«Για να μπορέσω να σε φάω καλύτερα!»

Και μόλις το είπε αυτό, πετάχτηκε από το κρεβάτι και πήδηξε πάνω στην Κοκκινοσκουφίτσα. Την έκανε μια χαψιά. Μόλις τελείωσε, ξάπλωσε και πάλι στο κρεβάτι και αποκοιμήθηκε, ροχαλίζοντας δυνατά.

Ένας κυνηγός περνούσε από εκεί κοντά. Άκουσε το ροχαλητό και του φάνηκε παράξενο για μια ηλικιωμένη γυναίκα να κάνει τόσο θόρυβο και αποφάσισε να ρίξει μια ματιά στο σπίτι. Μπήκε μέσα και είδε τον λύκο να κοιμάται στο κρεβάτι. Τον ίδιο λύκο που κυνηγούσε εδώ και πάρα πολύ καιρό. «Πρέπει να έφαγε τη γιαγιά, αλλά ίσως μπορώ ακόμη και τώρα να τη σώσω. Δεν θα τον πυροβολήσω», σκέφτηκε ο κυνηγός. Έτσι πήρε ένα ψαλίδι και άνοιξε την κοιλιά του λύκου.

Είχε κάνει μόλις μερικές ψαλιδιές, όταν είδε κάτι κόκκινο να γυαλίζει από μέσα. Άνοιξε λίγο ακόμη και η Κοκκινοσκουφίτσα πετάχτηκε από μέσα κλαίγοντας. «Ω, ήμουν τόσο φοβισμένη! Ήταν τόσο σκοτεινά μέσα στην κοιλιά του λύκου!»

Αμέσως μετά βγήκε και η γιαγιά, ήταν ολοζώντανη και αυτή. Η Κοκκινοσκουφίτσα πήγε και μάζεψε μερικές μεγάλες πέτρες. Γέμισαν την κοιλιά του λύκου με αυτές, και μόλις ξύπνησε και πήγε να τρέξει και να ξεφύγει, ήταν τόσο βαριά η κοιλιά του που έπεσε κάτω και πέθανε.

Και όλοι ήταν πολύ χαρούμενοι. Ο κυνηγός γιατί πήρε τη γούνα του λύκου. Η γιαγιά γιατί έφαγε το κέικ και ήπιε το κρασί που της έφερε η Κοκκινοσκουφίτσα. Και η Κοκκινοσκουφίτσα σκέφτηκε: «Ποτέ δεν θα αφήσω ξανά το μονοπάτι όταν περπατάω στο δάσος, αν δεν μου το έχει επιτρέψει η μητέρα μου.»

Προσαρμογή από Grimm Brothers, η πηγή τους για την πρώτη παραλλαγή (της βασικής ιστορίας) ήταν από την Jeanette Hassenpflug (1791-1860)

Πώς σχετίζεται με το Project Management;

Η ιστορία της Κοκκινοσκουφίτσας μάς θυμίζει γιατί το μονοπάτι από το οποίο δεν πρέπει να αποκλίνουμε ονομάζεται critical path (κρίσιμη διαδρομή).

Το critical path σχηματίζεται από μια ομάδα κρίσιμων δραστηριοτήτων. Αυτές οι δραστηριότητες δεν έχουν slack (χρονικό περιθώριο) και, ως εκ τούτου, αντιπροσωπεύουν τη μεγαλύτερη διαδρομή στο network diagram (διάγραμμα δικτύου) των δραστηριοτήτων του έργου. Καθώς δεν έχουν slack, εάν υπάρχει καθυστέρηση σε μία από αυτές τις δραστηριότητες, η συνέπεια θα είναι μια διολίσθηση της ημερομηνίας λήξης του έργου.

Ηθικό δίδαγμα της ιστορίας

Όπως απάντησε η Γάτα του Τσεσάιρ στην Αλίκη στο βιβλίο «Η Αλίκη στη χώρα των θαυμάτων[3]», αν δεν ξέρετε πού κατευθύνεστε, οποιαδήποτε διαδρομή θα σας μεταφέρει εκεί. Ωστόσο, στη διαχείριση έργων γνωρίζουμε ότι ο τελικός προορισμός είναι γνωστός εκ των προτέρων, οπότε πρέπει να γνωρίζουμε και τα «μονοπάτια» για να φτάσουμε εκεί.

Προσδιορισμός του critical path ενός έργου

Στη σημερινή εποχή, τα περισσότερα πληροφοριακά συστήματα διαχείρισης έργων επιτρέπουν τον εύκολο προσδιορισμό του critical path. Παρ' όλα αυτά, η λειτουργικότητα αυτή δεν αξιοποιείται από όλους τους Project Managers, που συχνά διαχειρίζονται το έργο χωρίς να γνωρίζουν ποιες δραστηριότητες επηρεάζουν περισσότερο την πρόοδό του.

Είναι επομένως σκόπιμο, ο Project Manager να προσδιορίσει την

---

[3] Carroll, L. (2010). Alice in Wonderland & Through the Looking Glass. Bibliolis Books.

κρίσιμη διαδρομή και να μοιραστεί αυτή την πληροφορία με την υπόλοιπη ομάδα. Στη συνέχεια, να διατηρήσει υπό στενή παρακολούθηση και έλεγχο τις δραστηριότητες που συνθέτουν το critical path, όσον αφορά την πρόοδό τους και τυχόν έκθεση σε κινδύνους.

Μείωση της διάρκειας του critical path

Για να μειώσετε τη χρονική διάρκεια ενός έργου θα πρέπει να ξεκινήσετε συντομεύοντας τη χρονική διάρκεια των δραστηριοτήτων που απαρτίζουν το critical path. Υπάρχουν διάφορες τεχνικές για αυτό, αλλά οι δύο πιο γνωστές είναι το crashing (συμπίεση) και το fast-tracking (παράλληλη εκτέλεση) των σχετικών εργασιών.

Με τον όρο crashing αναφερόμαστε στην κατανομή πρόσθετων πόρων στις εργασίες με την παραδοχή ότι ένας μεγαλύτερος αριθμός ανθρώπων θα τις ολοκληρώσει πιο γρήγορα. Αν και αυτή η ιδέα έχει νόημα στη θεωρία, στην πράξη δεν είναι πάντα τόσο εύκολα τα πράγματα, καθώς οι επιπλέον πόροι απαιτούν χρόνο για προσαρμογή, εξοικείωση με το έργο και την ομάδα και επίτευξη της βέλτιστης απόδοσής τους. Επιπλέον, θα πρέπει να ληφθεί υπόψη και ο νόμος του Brooks που λέει: «Αν προσθέσουμε εργαζόμενους σε ένα καθυστερημένο έργο μπορεί να καθυστερήσει ακόμη πιο πολύ.»[4]

Ένας άλλος λόγος για τον οποίο η απλή προσθήκη πόρων δεν λύνει πάντα το πρόβλημα, είναι το γεγονός ότι υπάρχουν διεργασίες που πρέπει εκ φύσεως ή για άλλους λόγους να εκτελεστούν διαδοχικά. Εδώ κολλάει και το γνωστό ανέκδοτο για το crashing: «Εννιά εγκυμονούσες γυναίκες δεν μπορούν να γεννήσουν το παιδί σε ένα μήνα!»

Η τεχνική fast-tracking στοχεύει επίσης στη χρονική μείωση της

---

[4] Brooks, F. Jr. The Mythical Man-Month. 1995 [1975]. Addison-Wesley

διάρκειας του έργου και το επιτυγχάνει με το να εκτελεί παράλληλα δραστηριότητες που είχαν προγραμματιστεί να εκτελεστούν διαδοχικά. Ωστόσο, ενώ υπάρχει προφανής επίδραση στην εξοικονόμηση χρόνου, υπάρχει ένα αποτέλεσμα χρήσης αυτής της τεχνικής που δεν γίνεται πάντα τόσο εύκολα αντιληπτό. Αυξάνει τα επίπεδα κινδύνου στο έργο.

Αναθέστε τις κρίσιμες εργασίες στους πιο έμπειρους πόρους

Δεδομένης της κρίσιμης σημασίας των εργασιών που αποτελούν το critical path, είναι συνετότερο να αναθέσετε τους πιο έμπειρους πόρους σε αυτές. Έτσι θα ελαχιστοποιηθούν οι κίνδυνοι, θα εφαρμοστούν τα lessons learned (διδάγματα) και θα εξοικονομηθεί χρόνος λόγω «εμπειρικής επανάληψης» των καθηκόντων τους.

Αν σας άρεσε η ιστορία αυτή, δείτε τα παρακάτω:

- Brooks, F. Jr. The Mythical Man-Month. 1995 [1975]. Addison-Wesley
- Burke, R. (2013). Project management: planning and control techniques. New Jersey, USA.
- Goldratt, E. M. (1997). Critical chain: A business novel. Great Barrington, MA: North River Press.
- Goldratt, E. M., Cox, J., & Whitford, D. (2004). The goal: a process of ongoing improvement (Vol. 3). Great Barrington MA: North River Press.
- Kelley Jr, J. E., & Walker, M. R. (1959). Critical-path planning and scheduling. In Papers presented at the December 1-3, 1959, Eastern Joint IRE-AIEE-ACM Computer Conference (pp. 160-173). ACM.
- Levy, F. K., Thompson, G. L., & Wiest, J. D. (1963). The ABCs of the critical path method. Harvard University, Graduate School of Business Administration.

ΟΙ ΕΞΙ ΤΥΦΛΟΙ ΚΑΙ Ο ΕΛΕΦΑΝΤΑΣ

Υπήρχαν κάποτε έξι σοφοί που ζούσαν μαζί σε ένα μικρό χωριό της Ινδίας. Πήγαν να δουν τον ελέφαντα (αν και ήταν όλοι τους τυφλοί) για πρώτη φορά και ο καθένας τους ήταν σίγουρος ότι ήξερε πως μοιάζει, τον είχαν ήδη φανταστεί.

Ο πρώτος σοφός ψηλάφισε την πλαϊνή πλευρά αυτού του τεράστιου ζώου. «Ο ελέφαντας είναι ένας μεγάλος σκληρός βράχος!» δήλωσε.

Ο δεύτερος σοφός άνδρας άγγιξε τον χαυλιόδοντα. «Είναι λείος και μυτερός, το ήξερα ότι είναι σαν ακόντιο!»

Ο τρίτος σοφός κατά σύμπτωση έπιασε την προβοσκίδα. «Ο ελέφαντας είναι ένα τεράστιο φίδι», είπε.

Ο τέταρτος τυφλός άντρας έπιασε ένα από τα πόδια του ελέφαντα και έβγαλε συμπέρασμα: «Είναι όπως το φαντάστηκα, ένας τεράστιος κορμός δέντρου!»

Ο πέμπτος τυφλός άντρας έπιασε το τεράστιο αυτί του ελέφαντα. «Πιστεύω ότι ο ελέφαντας είναι ένα στρογγυλό φαρδύ πράγμα σαν βεντάλια!» δήλωσε ικανοποιημένος.

Ο τελευταίος σοφός άντρας έπιασε την ουρά του. «Είναι απλώς ένα κομμάτι σχοινί!» αναφώνησε.

Ο καθένας αναγνώρισε αυτό που είχε στο μυαλό του από πριν.

Και οι έξι λένε την αλήθεια, αλλά καθένας από αυτούς έχει αγγίξει μόνο ένα μέρος του ελέφαντα και επομένως γνωρίζει μόνο ένα μέρος από την αλήθεια.

Όσο ο καθένας πιστεύει ότι είναι ο μόνος που έχει δίκιο, κανείς δεν θα γνωρίζει όλη την αλήθεια.

Προσαρμοσμένη από το ποίημα του John Godfrey Saxe (1816-1887)

Πώς σχετίζεται με το Project Management;

Είναι δύσκολο να δούμε τη μεγάλη εικόνα εάν εστιάζουμε μόνο στη λεπτομέρεια κάθε μεμονωμένου τμήματος.

Σε αυτό το σενάριο, όπως και οι έξι τυφλοί άνδρες, βλέπουμε τα πάντα εκτός από τον ελέφαντα που είναι μπροστά μας. Ομοίως και με τα έργα, είναι θεμελιώδες να έχουμε ένα ολιστικό και ξεκάθαρο όραμα που επιτρέπει την κατανόηση από όλους: τι αφορά το έργο και πώς κάθε μέρος του συμβάλλει αρμονικά στον επιδιωκόμενο στόχο του.

Στη διαχείριση έργων, η γνωστική περιοχή που συγκεντρώνει και συνδέει όλα τα επιμέρους μέρη ενός έργου ονομάζεται integration management (διαχείριση ενσωμάτωσης). Αυτή η γνωστική περιοχή αφορά όλες τις διαδικασίες συντονισμού σε όλο τον κύκλο ζωής του έργου και λειτουργεί σαν κόλλα που ενώνει όλα τα κομμάτια του παζλ που σχηματίζουν το έργο.

Ηθικό δίδαγμα της ιστορίας

Υπάρχουν διάφορα έγγραφα και δραστηριότητες διαχείρισης στις φάσεις του κύκλου ζωής ενός έργου. Εξίσου σημαντικές με αυτές τις δραστηριότητες, είναι και εκείνες που απορρέουν από τις ηγετικές δεξιότητες του Project Manager. Με αυτές, θα πρέπει να διατηρήσει και να πετύχει τους στόχους του έργου χωρίς να χαθεί μεταξύ των λεπτομερειών της καθημερινής εργασίας στην πορεία.

Διαχειριστείτε τη φάση front-end (φάση σύλληψης)

Οι παραδοσιακές σχολές διαχείρισης έργων δεν θεωρούν σημαντική τη φάση front-end (σύλληψη) ενός έργου και την ορίζουν ως αυτή στην οποία ο Project Manager δεν θα πρέπει να εμπλακεί. Πρόσφατες μελέτες όμως προτείνουν διαφορετική προσέγγιση, αναφέροντας ότι η αποτελεσματική διαχείριση της φάσης σύλληψης καθορίζει την επιτυχία ή αποτυχία του έργου. Επομένως, δεν πρέπει να αγνοηθεί.

Η φάση front-end ενός έργου είναι συνήθως μια φάση σύγχυσης και αβεβαιότητας. Καθώς «συλλαμβάνεται» η βασική ιδέα του έργου, λαμβάνονται υπόψη οι επαναλήψεις και οι συμβιβασμοί, έως ότου οριστούν οι ιδανικές απαιτήσεις και μετατραπούν σε μια πραγματική πρόταση ενός νέου έργου.

Υπάρχει πολύς δρόμος να διανύσουμε έως ότου ένα έργο να ξεκινήσει επίσημα στον οργανισμό. Από τις εμπορικές και οικονομικές πτυχές της στρατηγικής, έως και τον ορισμό των στόχων του. Προκειμένου να διασφαλίσουμε ότι όλα τα κομμάτια συνδέονται το ένα με το άλλο και ότι το έργο μπορεί να οδηγηθεί προς την καλύτερη δυνατή κατεύθυνση, ο Project Manager θα πρέπει να συμμετέχει το συντομότερο δυνατό σε αυτή τη φάση και να συνεργαστεί με τον sponsor και άλλους σημαντικούς stakeholders. Έτσι θα έχουμε πολύ περισσότερες πιθανότητες για ένα επιτυχημένο έργο.

Έναρξη του έργου

Το Project Charter – Καταστατικό Έργου (PMBOK®) ή το Project Mandate – Εντολή Έργου (PRINCE2®) είναι ένα σαφές παράδειγμα εγγράφου διαχείρισης που ενσωματώνει τα διάφορα κομμάτια που είναι απαραίτητα για το έργο. Αυτό το έγγραφο έχει ως στόχο να συγκεντρώσει τις απαραίτητες πληροφορίες για το έργο στο αρχικό του στάδιο και πρέπει να περιέχει τουλάχιστον τα παρακάτω:

- Ορισμός του Sponsor και του Project Manager
- Στόχοι του έργου
- Σύντομη περιγραφή του έργου
- Το πρόβλημα ή η επιχειρηματική ανάγκη που το έργο επιδιώκει να αντιμετωπίσει
- Αρχικά ορισμένες ημερομηνίες του έργου
- Περιορισμοί και υποθέσεις
- Βασικοί κίνδυνοι του έργου

Η έναρξη του έργου θα πρέπει να εγκριθεί επίσημα από τον οργανισμό, επισημοποιώντας έτσι την ύπαρξή του και εγκρίνοντας παράλληλα τις παραμέτρους (όπως περιγράφονται στο έγγραφο αυτό), με τις οποίες θα προχωρήσει η εκτέλεση του έργου.

Project Management Plan (Σχέδιο Διαχείρισης Έργου)

Το Project Management Plan (ισοδύναμο με το Project Initiation Documentation στο PRINCE2®), δεν πρέπει να συγχέεται με το χρονοδιάγραμμα του έργου. Είναι η «ραχοκοκαλιά» του έργου και ταυτόχρονα βασικό έγγραφο του σχεδιασμού του, καθώς περιγράφει πώς το κάθε στοιχείο της διαχείρισης θα προσαρμοστεί κατάλληλα, θα εφαρμοστεί και θα διαχειριστεί μέσα σε αυτό.

Ως εκ τούτου, το περιεχόμενό του θα πρέπει να περιλαμβάνει, μεταξύ άλλων:

- Scope Management (διαχείριση φυσικού αντικειμένου)
- Time management (διαχείριση χρόνου)
- Cost Management (διαχείριση κόστους)
- Quality Management (διαχείριση ποιότητας)
- Risk Management (διαχείριση κινδύνων)
- Stakeholder Management (διαχείριση εμπλεκομένων)
- Communication management (διαχείριση επικοινωνίας)
- Human Resource Management (διαχείριση ανθρώπινων πόρων)
- Procurement Management (διαχείριση προμηθειών)

Το Project Management Plan είναι το βασικό έγγραφο αναφοράς της ομάδας του έργου και πρέπει να τηρείται από τον Project Manager καθ' όλη τη διάρκεια του έργου.

Ηγεσία και παρακολούθηση της ομάδας του έργου

Ο Project Manager έχει και αυτός ρόλο ενσωμάτωσης (integration). Λειτουργεί ως μαέστρος μιας ορχήστρας, όπου κάθε όργανο πρέπει να παίζει με μια προγραμματισμένη ακολουθία έτσι ώστε όλοι μαζί στην ορχήστρα να μπορέσουν να παράξουν έναν αρμονικό ήχο που θα ικανοποιήσει το ακροατήριο. Έτσι λέμε ότι ο Project Manager ηγείται του έργου.

Η καθοδήγηση και η παρακολούθηση της προόδου της ομάδας του έργου είναι μια συνεχής δραστηριότητα καθ' όλο τον κύκλο ζωής ενός έργου. Οι ηγετικές, επικοινωνιακές και διαπραγματευτικές δεξιότητες είναι απαραίτητες για μια παρακινημένη ομάδα που θα οδηγήσει σε επιτυχή υλοποίηση του έργου.

Κλείσιμο του έργου

Όπως ακριβώς οι διαδικασίες εκκίνησης του έργου ορίζουν το integration που πραγματοποιείται στην αρχή του έργου, με τον ίδιο τρόπο οι διαδικασίες κλεισίματος του έργου αποτελούν μια ευκαιρία για integration όλων των τμημάτων του έργου, ώστε να επιτραπεί το σωστό και πλήρες κλείσιμό του.

Σε αυτές τις διαδικασίες δεν περιλαμβάνεται μόνο μια συγκριτική ανάλυση μεταξύ του τι είχε προγραμματιστεί και του τι επιτεύχθηκε, αλλά και η συλλογή των lesson learned του έργου, καθώς και λίστα των εκκρεμών ζητημάτων και δράσεων.

Στο κλείσιμο του έργου είναι η κατάλληλη στιγμή για να επιβεβαιώσουμε ότι όλη η τεκμηρίωση είναι ενήμερη και έτοιμη για αρχειοθέτηση, τα συμβόλαια με τους προμηθευτές έχουν κλείσει και η ομάδα έργου έχει αξιολογηθεί και αποδεσμευτεί για να συμμετάσχει στα επόμενα έργα.

Κρατήστε την εστίαση στη «μεγάλη εικόνα»

Λόγω της ανάγκης παρακολούθησης της προόδου κάθε εργασίας ξεχωριστά και της συνεχούς πίεσης για παράδοση του έργου το συντομότερο δυνατό, είναι εύκολο να παραβλέψουμε τη «μεγάλη εικόνα» και να παραμελήσουμε τον μακροπρόθεσμο αντίκτυπο του έργου.

Ωστόσο, τα έργα δεν αποτελούν αυτοσκοπό, αλλά είναι ένα μέσο για κάτι μεγαλύτερο, ένα όχημα για την υλοποίηση της στρατηγικής ενός οργανισμού.

Η επιτυχία ενός έργου συνεχίζει να υφίσταται μακροπρόθεσμα και πέρα από τις τυπικές παραμέτρους ποιότητας, χρόνου και κόστους. Οι προκλήσεις του καιρού μάς ζητούν να εξετάσουμε σε μεγαλύτερο εύρος τις παραμέτρους που θα μπορούσαν να φέρουν οφέλη ή άλλες επιπτώσεις ενός έργου ή/και ενός τελικού προϊόντος, στο ευρύτερο περιβάλλον (σκεπτόμενοι τον πλανήτη μας συνολικά) και την κοινότητα. Υπό την αιγίδα της αειφορίας, πρέπει να εργαστούμε προς την κατεύθυνση όπου οι επιπτώσεις από τις τρέχουσες καταναλωτικές ανάγκες δεν θα θέσουν σε κίνδυνο τις ανάγκες της μελλοντικής γενιάς.

Τα έργα μας είναι το μέλλον μας. Γι' αυτό ας φροντίσουμε αυτό να είναι καλό.

Αν σας άρεσε η ιστορία αυτή, δείτε τα παρακάτω:

- Kerzner, H. R. (2013). Project management: a systems approach to planning, scheduling, and controlling. John Wiley & Sons.
- PMBoK. (2000). A Guide to the project Management body of knowledge. Project Management Institute, Pennsylvania USA.
- Silvius, A. G., & Schipper, R. (2010, November). A maturity model for integrating sustainability in projects and project management. In 24th World Congress of the International Project Management Association. IPMA Istanbul.
- Systems Engineering and Project Management Integration: V-model (Explanatory Note). (2014). APM/INCOSE Joint Working Group 1 Version 1.0

Ο ΛΥΚΟΣ ΠΟΥ ΝΤΥΘΗΚΕ ΠΡΟΒΑΤΟ

Μια φορά κι έναν καιρό, ένας λύκος περπατούσε στην εξοχή, όταν βρήκε κάτω μια προβιά. Την πήρε μαζί του.

«Άμα φορέσω αυτή τη προβιά και αναμιχθώ με το κοπάδι, ο βοσκός δεν θα με καταλάβει. Τη νύχτα, θα αρπάξω το πιο χοντρό πρόβατο και θα το πάρω μαζί μου να το φάω», σκέφτηκε.

Έτσι και έκανε, ντύθηκε με την προβιά και αναμίχθηκε με το κοπάδι των προβάτων. Όπως το είχε υπολογίσει, ο βοσκός τον πέρασε για πρόβατο και τον έκλεισε μαζί με τα υπόλοιπα μέσα στο μαντρί. Ο λύκος περίμενε να έρθει η νύχτα.

Ο βοσκός όμως είχε μια γιορτή εκείνο το βράδυ. Έστειλε έναν υπηρέτη να του φέρει ένα χοντρό πρόβατο. Ο υπηρέτης είδε κατά τύχη τον λύκο ντυμένο πρόβατο. Εκείνο το βράδυ, οι καλεσμένοι έφαγαν τον λύκο για δείπνο.

(Αίσωπος (621 π.Χ. – 564 π.Χ.), http://www.english-for-students.com/The-Wolf-in-Sheep-skin.html)

Πώς σχετίζεται με το Project Management;

Ένα από τα βασικά μέσα επικοινωνίας με τους κύριους stakeholders του έργου είναι τα status reports (αναφορές κατάστασης) και τα progress reports (αναφορές προόδου) του έργου.

Αυτές οι αναφορές παρέχουν στη διοίκηση το κατάλληλο επίπεδο παρακολούθησης και επίβλεψης, το οποίο επιτρέπει τη συνοπτική επισκόπηση χωρίς πολλές λεπτομέρειες. Έτσι εξοικονομείται χρόνος και οι stakeholders είναι πάντα ενήμεροι, ενώ οι κίνδυνοι και τα ζητήματα (issues) μπορούν να κλιμακωθούν εγκαίρως.

Συνεπώς, μια τακτική και διάφανη αναφορά δίνει στη διοίκηση το αίσθημα της αυξημένης εμπιστοσύνης στη διαχείριση του έργου. Επιπλέον, ευνοεί την προσέγγιση της διαχείρισης μέσω των εξαιρέσεων (management-by-exception) και με δεδομένη την συνήθως περιορισμένη διαθεσιμότητα της ανώτερης διοίκησης μέσα στον οργανισμό, επιτρέπει την ανάθεση εξουσιών σε χαμηλότερα επίπεδα της ιεραρχίας. Μπορούν έτσι να παρέμβουν ενεργά μόνο όταν κάποια απόκλιση από τον κανόνα αναγνωριστεί και κλιμακωθεί σε αυτούς.

Ενώ αυτή η τακτική μπορεί να λειτουργήσει καλά στη θεωρία, στην πράξη μπορεί να είναι πολύ διαφορετική. Μερικές φορές ανακαλύπτουμε τα λεγόμενα «έργα-καρπούζια», έργα που είναι «πράσινα» εξωτερικά αλλά στην πραγματικότητα «κόκκινα» στο εσωτερικό τους. Και για να είμαστε σε αναλογία με την ιστορία μας, είναι σαν τον «λύκο ντυμένο πρόβατο».

Κάτι παρόμοιο συναντάμε κατά τη χρήση της δημοφιλούς τεχνικής της αναφοράς κατάστασης ενός έργου με χρήση χρωμάτων των φωτεινών σηματοδοτών (κατάσταση RAG, Red-Amber-Green), όπου το πράσινο σημαίνει θετική απόδοση, το πορτοκαλί σημαίνει αυξημένοι κίνδυνοι και το κόκκινο αντανακλά μια αρνητική απόδοση που απαιτεί προσοχή.

Είναι γεγονός ότι το RAG status είναι ένας τρόπος απεικόνισης της κατάστασης οπτικά ελκυστικός και εύκολος να ερμηνευτεί ενστικτωδώς. Όμως η μετατροπή της πολυ-πραγματικότητας ενός έργου σε έναν και μόνο δείκτη μπορεί να οδηγήσει σε απώλεια αξιοπιστίας έναντι της πραγματικής κατάστασης του έργου.

Σε μερικές περιπτώσεις, ο έλεγχος απόδοσης του Project Manager και τα ετήσια μπόνους του είναι αυτά που αναπροσαρμόζονται από τις επιδόσεις του έργου, επομένως είναι φυσικό να δείξει απροθυμία ο Project Manager στο να χαρακτηρίσει το έργο ως «κόκκινο».

Επιπλέον, σύμφωνα με την αρχή της διαχείρισης μέσω των εξαιρέσεων, το να παρουσιάσουμε ένα έργο ως «κόκκινο» είναι σαν να προσκαλούμε την ανώτερη διοίκηση να εμπλακεί βαθιά σε αυτό, φέρνοντας ανεπιθύμητη προσοχή και λεπτομερή έλεγχο που μπορεί να αποκαλύψει, μεταξύ άλλων, αδυναμίες στη διαχείριση του έργου.

Αυτό δεν σημαίνει ότι αυτή είναι μια κοινή πρακτική στο επάγγελμα και ότι όλοι οι Project Managers επιδεικνύουν ανήθικη συμπεριφορά. Ωστόσο, με βάση όλα τα σημεία που αναφέρθηκαν παραπάνω, μερικοί Project Managers μπορεί να συμπεριφερθούν με αυτό τον τρόπο προσωρινά, ελπίζοντας το έργο να ανακάμψει μέχρι την επόμενη αναφορά.

Ηθικό δίδαγμα της ιστορίας

Αν είναι αλήθεια ότι ένας πιο αυστηρός έλεγχος μέσω αντίστοιχων τεχνικών και εργαλείων μπορεί να αποτρέψει ή να μειώσει σημαντικά τον κίνδυνο να έχουμε «έργα-καρπούζια», είναι επίσης σημαντικό να τονιστεί ότι τα «έργα-καρπούζια» δεν προκύπτουν τυχαία, αλλά συνήθως αντικατοπτρίζουν οργανωτικές κουλτούρες που προωθούν τον «καταιγισμό κατηγοριών» αντί για «καταιγισμό ιδεών». Διαιωνίζουν έτσι έναν φαύλο κύκλο που είναι αναγνωρίσιμος από τον τρόπο που διαχειρίζονται οι αναφορές των γεγονότων και των κινδύνων στα έργα.

Κουλτούρα ειλικρίνειας

Ο Drucker (1909-2005), γνωστός και ως γκουρού του management, είναι ευρέως γνωστό ότι είπε πως «η κουλτούρα τρώει τη στρατηγική για πρωινό». Στην πραγματικότητα, δεν υπάρχει διαδικασία, ιδέα ή έργο που μπορεί να ακμάσει εάν δεν υποστηρίζεται από μια κουλτούρα που ενθαρρύνει και ενισχύει την υλοποίησή του.

Το ίδιο ισχύει και στην περίπτωση αυτή. Εάν δεν προωθείται μια κουλτούρα διαφάνειας και ειλικρίνειας στον οργανισμό και αν οι αναλυτές, οι Project Managers και άλλοι δεν αισθάνονται άνετα να παρουσιάσουν την αλήθεια, λόγω κλίματος «αποδιοπομπαίου τράγου» όπου η ειλικρίνεια αντιλαμβάνεται αρνητικά και εξοστρακίζεται, τότε είναι φυσικό τα οφέλη να υπερεκτιμούνται και τα γεγονότα να παραλείπονται. Η αλήθεια θα είναι γνωστή στο τέλος, μόνο όταν θα είναι ήδη πολύ αργά.

Δεν θα πρέπει λοιπόν να νιώσετε τύψεις όταν θα σταματήσετε ένα έργο γιατί δεν είναι πλέον βιώσιμο ή εφικτό, ενώ είναι σε εξέλιξη. Θα πρέπει να ντρέπεστε όμως αν έχετε γνώση αυτών των αδυναμιών και συνεχίζετε να καταναλώνετε πόρους του οργανισμού που θα μπορούσαν να χρησιμοποιηθούν σε έργα με καλύτερα χαρακτηριστικά οφέλους και επιτευξιμότητας.

Είναι ζωτικής σημασίας η «γραμμή» να δοθεί από τα ανώτερα επίπεδα διοίκησης και προς τα κάτω, ενθαρρύνοντας την ειλικρίνεια στις εκτιμήσεις και στις αναφορές κατάστασης και έχοντας τη θέληση και το θάρρος να σταματήσουν έργα που δεν έχουν πλέον νόημα.

Έλεγχοι «υγείας»

Ένας τρόπος για να διασφαλίσουμε ότι οι πληροφορίες που αναφέρονται από τους Project Managers είναι ακριβείς, ενημερωμένες και αξιόπιστες, είναι να τις υποβάλουμε στον έλεγχο ενός ανεξάρτητου φορέα πριν τις μεταβιβάσουμε στη διοίκηση. Ο ανεξάρτητος φορέας που συνήθως διαθέτει λειτουργίες ελέγχου είναι το PMO.

Σε τελική ανάλυση, ένα υψηλής απόδοσης PMO είναι αυτό που λειτουργεί ως μάτια και αυτιά της διοίκησης στην πρώτη γραμμή, φέρνοντας μαζί του ένα στοιχείο διασφάλισης ποιότητας μέσω εμπεριστατωμένης αξιολόγησης των περιεχομένων των αναφορών κατάστασης/προόδου, πριν αυτές διανεμηθούν στους σημαντικούς stakeholders.

Η διεξαγωγή τυχαίων ελέγχων «υγείας» σε όλα τα έργα στρατηγικής σημασίας, είναι μια δραστηριότητα προστιθέμενης αξίας που βασίζεται στην αρχή της «συντομότερης αποτυχίας». Θα πρέπει να ενθαρρύνεται δεδομένου ότι επιδιώκει να αντιμετωπίσει τα συμπτώματα που παρουσιάζονται στο έργο προτού γίνουν πραγματικά προβλήματα.

Μη στηρίζετε το έργο σε έναν και μόνο δείκτη

Η χρήση ενός και μόνο δείκτη για την αποτύπωση της εικόνας ενός έργου, παρόλο που είναι μια απλή προσέγγιση, οδηγεί γενικά σε μείωση των διαθέσιμων πληροφοριών. Με πολύ λίγες πληροφορίες διαθέσιμες, υπάρχει ο κίνδυνος ο δείκτης αυτός να χάσει το νόημα και τη σχετικότητά του. Ένα έργο μπορεί να έχει μια καλή εικόνα όσον αφορά το χρονοδιάγραμμα και το κόστος, αλλά ταυτόχρονα τα τελικά οφέλη του να απειλούνται από έκθεση σε υψηλά επίπεδα κινδύνων.

Έτσι, το να ενοποιούμε αυτόν τον τύπο πληροφορίας σε έναν και μόνο δείκτη κατάστασης του έργου είναι σαν να καταδικάζουμε το έργο να αναφέρεται πάντα ως «πορτοκαλί» ή να τονίζουμε ένα στοιχείο του έργου παραμελώντας τα υπόλοιπα.

Αντί για έναν δείκτη, συστήνεται να βασιστεί η εικόνα κατάστασης του έργου σε διάφορους δείκτες, όχι σε πολλούς επουσιώδεις ή ακατανόητους, αλλά σε έναν ικανό αριθμό που επαρκεί για να καθορίσει την «υγεία» του έργου.

Πολλοί οργανισμοί περιορίζονται στη χρήση δεικτών που σχετίζονται με τον τριπλό περιορισμό (κόστος, χρόνος, φυσικό αντικείμενο), ενώ θα άξιζε να εξεταστούν δείκτες όπως π.χ. ενεργής συμμετοχής των stakeholders ή δείκτες που απεικονίζουν την πιθανότητα απόκλισης στην επίτευξη του εκτιμώμενου οφέλους.

Χρήση αντικειμενικών και αυτοματοποιημένων μηχανισμών ελέγχου

Προκειμένου να διασφαλιστεί το υψηλότερο δυνατό επίπεδο αντικειμενικότητας ως προς τον τρόπο υπολογισμού των δεικτών κατάστασης, ορισμένοι οργανισμοί βασίζονται σε εργαλεία της Διαχείρισης Έργων. Χρησιμοποιούν πιο εξελιγμένες και αντικειμενικές τεχνικές (σε σχέση με τα χρώματα των φωτεινών σηματοδοτών), όπως είναι η Earned Value Management - EVM (Διαχείριση Δεδουλευμένης Αξίας).

Η μέθοδος Earned Value είναι ένα ισχυρό εργαλείο παρακολούθησης και ελέγχου που συνδυάζει πρόοδο, χρόνο και κόστος. Με τη χρήση της μπορούν να προκύψουν σημαντικοί δείκτες σχετικά με την κατάσταση του έργου και, ακόμα πιο χρήσιμα, αντικειμενικές εκτιμήσεις ανάκαμψης και πρόβλεψης.

Απλοποίηση της έννοιας του «ολοκληρωμένου»

Είναι γνωστό ότι οι Project Managers και οι PMO αγαπούν τους δείκτες και τις μετρήσεις.

Ένας από αυτούς τους δείκτες, πολύ κοινός σε εργαλεία προγραμματισμού, είναι το ποσοστό ολοκλήρωσης μιας δραστηριότητας (% ολοκλήρωση). Ωστόσο, η δυσκολία αυτής της μέτρησης έγκειται στη φύση των δραστηριοτήτων, οι οποίες δεν είναι πάντα εύκολο να υπολογιστούν, ειδικά εάν δεν υπάρχουν μετρήσιμα στοιχεία και απτά αποτελέσματα που να σχετίζονται με αυτές.

Έτσι, δεν είναι ασυνήθιστο να υπάρχουν έργα που είναι στο 90%

της ολοκλήρωσης, αλλά συνεχίζουν με ελάχιστες μεταβολές από εβδομάδα σε εβδομάδα απλά για να δείξουν μια πρόοδο που, στην πράξη, δεν υπάρχει. Σε κάτι τέτοιες περιπτώσεις, οι ένθερμοι υποστηρικτές της Agile φιλοσοφίας ξεθαρρεύουν, καθώς αυτή η φιλοσοφία δεν περιλαμβάνει τέτοιους όρους όταν αναφέρεται στην πρόοδο ενός έργου.

Σύμφωνα με το σκεπτικό της, μια δραστηριότητα είτε έχει ολοκληρωθεί είτε δεν έχει ολοκληρωθεί. Αν και ακούγεται απλοϊκό, αυτός ο εναλλακτικός τρόπος επικοινωνίας της έννοιας του «ολοκληρωμένου» βοηθά στο να αποτρέψουμε τη δημιουργία έργων σαν «καρπούζια».

Δώστε έμφαση στην ποιότητα και τη ροή αξίας αντί για το φυσικό αντικείμενο, το χρόνο και το κόστος

Το πιο σύνηθες όραμα κατά τη διαχείριση ενός έργου είναι ότι η επιτυχία του ορίζεται από την έγκαιρη παράδοσή του, στα πλαίσια του προϋπολογισμού και σύμφωνα με τις προδιαγραφές, δίνοντας έμφαση στον έλεγχο των δραστηριοτήτων και όχι τόσο στην παροχή πραγματικής αξίας στον πελάτη.

Αυτό το πρότυπο, παρά το γεγονός ότι είναι σχεδόν ξεπερασμένο, χρησιμοποιείται ακόμη σε πολλούς οργανισμούς, αλλά έχει δεχθεί έντονη κριτική, καθώς τονίζοντας την επιτυχία των διαδικασιών διαχείρισης έργων εις βάρος της επιτυχίας του ίδιου του έργου, μπορεί να οδηγήσει σε ένα αποτέλεσμα όπου «η εγχείρηση ήταν επιτυχής αλλά ο ασθενής απεβίωσε».

Ένα εναλλακτικό όραμα θα ήταν να μη δώσουμε έμφαση σε δείκτες βασισμένους στο τρίπτυχο «κόστος, χρόνος, φυσικό αντικείμενο» ως δείκτες επιτυχίας του έργου, αλλά σε δείκτες βασισμένους στο τρίπτυχο της ποιότητας, της ροής και της αξίας. Είναι τα στοιχεία που συνδυάζουν την αποδοτικότητα και την αποτελεσματικότητα της μεθοδολογίας διαχείρισης έργων.

Αν σας άρεσε η ιστορία αυτή, δείτε τα παρακάτω:

- APM Assurance SIG (2014). A Guide to Integrated Assurance. Association for Project Management
- APM Assurance SIG (2016). Measures for Assuring Projects. Association for Project Management
- APM Earned Value Management Specific Interest Group (2013). Earned Value Management Handbook. Association for Project Management
- Fleming, Q. W., & Koppelman, J. M. (2000). Earned value project management. Project Management Institute.
- Oakes, M. G. (2012). Project reviews, assurance and governance. Gower Publishing, Ltd.

Ο ΓΕΡΟΣ, ΤΟ ΠΑΙΔΙ ΚΑΙ Ο ΓΑΪΔΑΡΟΣ

Ένας άνδρας με το παιδί του, μια φορά πήγαν στην αγορά της πόλης με τον γάιδαρό τους.

Καθώς περπατούσαν, ένας άνδρας τους αντάμωσε και τους είπε: «Είστε χαζοί, τι νόημα έχει να περπατάτε με τον γάιδαρο αφού μπορείτε να τον καβαλήσετε;»

Έτσι ο άντρας έβαλε το αγόρι πάνω στο γάιδαρο και συνέχισαν την πορεία τους. Μετά από λίγη ώρα, αντάμωσαν με μια ομάδα ανδρών και ένας από αυτούς είπε: «Για δείτε αυτόν τον νεαρό τεμπέλη, αφήνει τον πατέρα του να περπατά ενώ αυτός πάει καβάλα στον γάιδαρο.»

Ο άνδρας λοιπόν διέταξε το αγόρι να κατέβει και ανέβηκε αυτός πάνω στον γάιδαρο. Δεν είχαν πάει και πολύ μακριά, όταν συνάντησαν δύο γυναίκες. Είπε η μία στην άλλη: «Ντροπή σε αυτόν τον αγροίκο τεμπέλη που αφήνει το καημένο το μικρό παιδί του να περπατάει με τόσο κόπο, ενώ αυτός είναι καβάλα στον γάιδαρο.»

Ο άνδρας δεν ήξερε τι να κάνει, και τελικά έβαλε το αγόρι μαζί του πάνω στον γάιδαρο. Μετά από λίγη ώρα έφτασαν στην αγορά και οι περαστικοί που συναντούσαν τους έδειχναν με το δάχτυλο και κορόιδευαν. Ο άνδρας σταμάτησε και τους ρώτησε γιατί. Ένας από αυτούς του είπε: «Μα καλά, δεν ντρέπεσαι, με σένα και το γομάρι τον γιο σου επάνω, να έχεις σκάσει από το βάρος τον γάιδαρο;»

Ο άνδρας και το αγόρι κατέβηκαν από τον γάιδαρο και προσπάθησαν να σκεφτούν τι να κάνουν. Σκέφτηκαν και ξανασκέφτηκαν, ώσπου έφτιαξαν ένα ξύλινο κοντάρι και έδεσαν τα πόδια του γαϊδάρου σε αυτό. Έπιασαν από μία άκρη και την έβαλαν στους ώμους τους. Τα γέλια αυτών που συναντούσαν τους συνόδευσαν μέχρι τη γέφυρα στην αγορά. Εκεί ο γάιδαρος, αφού έλυσε το ένα του πόδι, άρχισε να κλοτσά με αποτέλεσμα το αγόρι να αφήσει το κοντάρι να πέσει κάτω από την πλευρά του.

Πάνω στην αναμπουμπούλα ο γάιδαρος έπεσε από τη γέφυρα, και καθώς είχε δεμένα τα πόδια του, πνίγηκε.

«Αυτό θα σας γίνει μάθημα,» είπε ένας γέροντας που τους είχε ακολουθήσει. «Αν θέλεις να τους ευχαριστήσεις όλους, τότε δεν θα μπορέσεις να ευχαριστήσεις κανέναν από αυτούς.»

Αίσωπος. (Έκτος αιώνας π.Χ.) Fables. The Harvard Classics. 1909–14

Πώς σχετίζεται με το Project Management;

Όπως γίνεται στη ζωή, έτσι και στα έργα, είναι αδύνατο να τους έχεις όλους ικανοποιημένους.

Ωστόσο, εάν στη ζωή κάποιοι έχουν την πολυτέλεια να αγνοούν τη γνώμη των άλλων, σε ένα έργο, οι «άλλοι» και η ικανοποίησή τους σχετικά με το έργο μπορεί να είναι η μοναδική διαφορά μεταξύ ενός επιτυχημένου έργου και ενός έργου που έχει σταματήσει λόγω έλλειψης υποστήριξης.

Παρόλο που κάποιοι μετρούν την επιτυχία ενός έργου με το τρίπτυχο «χρόνος, κόστος, φυσικό αντικείμενο», έχουμε το παράδοξο της ύπαρξης έργων που παραδόθηκαν «σκανδαλωδώς» με μεγάλη καθυστέρηση στο χρόνο και με μεγάλες υπερβάσεις στο κόστος, αλλά είναι σήμερα εθνικοί θησαυροί (π.χ. η Όπερα στο Σίδνεϋ της Αυστραλίας) και μας θυμίζουν τη σημασία της ικανοποίησης του πελάτη ως βασικό κριτήριο για την αξιολόγηση της επιτυχίας ενός έργου.

Σε οποιαδήποτε πρωτοβουλία που θα οδηγήσει σε ένα νέο έργο, υπάρχουν πάντα άτομα ή ομάδες που επηρεάζονται από αυτή θετικά ή αρνητικά. Αυτοί απαρτίζουν τους stakeholders (εμπλεκόμενα μέρη).

Οι stakeholders ενός έργου μπορεί να είναι άτομα ή ομάδες ατόμων, οντότητες ή οργανισμοί, με εσωτερική ή εξωτερική συσχέτιση με το έργο και μπορεί να ποικίλλουν σε μεγάλο βαθμό σε αριθμό και τύπο ανάλογα με τις απαιτήσεις του έργου.

Ηθικό δίδαγμα της ιστορίας

Κάθε stakeholder έχει διαφορετικές ανάγκες, ενδιαφέροντα και προσδοκίες σε σχέση με το έργο και εδώ βρίσκεται η μεγάλη πρόκληση του Project Manager. Πρέπει να έχει την ικανότητα να ευθυγραμμίσει τις προσδοκίες και να κερδίσει την υποστήριξή τους, μεγιστοποιώντας τη βοήθεια και τη δέσμευσή τους.

Διαδικασία Διαχείρισης Εμπλεκομένων (Stakeholders Management Process)

Η διαδικασία του συστηματικού προσδιορισμού των stakeholders μαζί με τον σχεδιασμό, την επικοινωνία και διαχείριση των προσδοκιών τους, επιδιώκοντας τη μεγιστοποίηση της υποστήριξης και την ελαχιστοποίηση των κινδύνων στα πλαίσια του έργου, ονομάζεται Stakeholder Management και μπορεί γενικά να συνοψιστεί στα παρακάτω βήματα:

Προσδιορισμός των Stakeholders: Η αναγνώριση και ο ορισμός των stakeholders του έργου είναι ένα από τα πιο σημαντικά σημεία στη διαδικασία διαχείρισης των stakeholders. Όχι μόνο επειδή είναι εύκολο να μπούμε στον πειρασμό να σκεφτούμε μόνο τον sponsor στο ρόλο αυτό, αλλά επειδή μπορεί να υπάρχουν ενδιαφερόμενοι stakeholders εκεί που δεν το περιμένουμε (αν προσπαθήσετε να παρακάμψετε την προσωπική βοηθό ενός διευθυντικού στελέχους, θα καταλάβετε σίγουρα τι εννοώ!)

Οι πιο κοινοί stakeholders είναι ο sponsor, η ομάδα του έργου, διευθυντές και άλλοι προϊστάμενοι από την ανώτερη διοίκηση (π.χ. τμήμα οικονομικών, πληροφορικής, ανθρωπίνων πόρων), ανταγωνιστές, ρυθμιστικές αρχές και κυβερνητικοί φορείς, τελικοί χρήστες, τοπικές κοινότητες, μη κυβερνητικοί οργανισμοί, lobby, κλπ.

Ο σκοπός δεν είναι να έχουμε μια εξαντλητική λίστα με stakeholders, είναι ωφέλιμο όμως να μη βιαστούμε ή να παραμελήσουμε αυτήν τη δραστηριότητα και να αφιερώσουμε λίγο χρόνο για να προσδιορίσουμε εκείνους που θα επηρεάσουν ή θα επηρεαστούν από το έργο.

Πρέπει επίσης να θυμόμαστε ότι ο προσδιορισμός των stakeholders δεν θα πρέπει να πραγματοποιείται μόνο στην αρχή του έργου, αλλά θα πρέπει να είναι μια συνεχής δραστηριότητα καθ' όλη τη διάρκειά του.

Σχεδιασμός της διαχείρισης των προσδοκιών: Μόλις αναγνωριστούν οι stakeholders, το επόμενο βήμα για τον Project Manager είναι ο σχεδιασμός του τρόπου διαχείρισης των προσδοκιών τους.

Αυτό περιλαμβάνει αρχικά τη φάση ανάλυσης η οποία θα οδηγήσει στη λήψη αποφάσεων σχετικά με την καλύτερη προσέγγιση και την αντιμετώπιση αυτών των stakeholders. Ο Project Manager πρέπει να επιδιώξει να απαντήσει σε ερωτήσεις όπως «Ποιο είναι το ενδιαφέρον τους;», «Πόση δύναμη έχουν;»,

«Φαίνονται ευνοϊκά προσκείμενοι ή αντίθετοι με το έργο;»

Με τη χαρτογράφηση του ενδιαφέροντος και της δύναμης κάθε stakeholder είναι δυνατόν να καθοριστεί η καλύτερη στρατηγική δράσης για τη διαχείριση των προσδοκιών τους.

Επιπρόσθετα, η αποτελεσματική διαχείριση των προσδοκιών των stakeholders περιλαμβάνει επίσης τη συλλογή των απαιτήσεων επικοινωνίας για καθέναν από αυτούς και την προετοιμασία μιας επικοινωνιακής στρατηγικής.

Διαχείριση της συμμετοχής: Το επόμενο βήμα είναι να υλοποιήσουμε το σχέδιο διαχείρισης των stakeholders, παρακολουθώντας το και προσαρμόζοντάς το με την πάροδο του χρόνου.

Η παρακολούθηση των stakeholders είναι μια βασική δραστηριότητα που απαιτεί ειδικές ικανότητες από τον Project Manager. Ένας stakeholder που είναι ουδέτερος ή αρνητικός μπορεί πολύ γρήγορα να γίνει προκλητικά δύσκολος στο χειρισμό.

Επίσης, η επικοινωνιακή στρατηγική και η σταθερή ενίσχυση των προσδοκιών τους πάνω στα σημαντικά ορόσημα του έργου, είναι σημαντικά στοιχεία που προάγουν την ικανοποίηση των stakeholders.

Η διαχείριση της συμμετοχής των stakeholders είναι τελικά σαν να διαχειρίζεστε μια οποιαδήποτε άλλη σημαντική σχέση, με όλη τη φροντίδα και την προσοχή που αξίζει οποιαδήποτε σχέση.

Κρατήστε τους φίλους σας κοντά (και τους εχθρούς σας ακόμη πιο κοντά!)

Η αποτελεσματική διαχείριση των stakeholders μπορεί να μεγιστοποιήσει την υποστήριξή τους και να ελαχιστοποιήσει τους κινδύνους. Επομένως, είναι σημαντικό να παρακολουθείτε τους stakeholders που είναι ενθουσιώδεις υποστηρικτές του έργου, αλλά είναι ακόμη πιο σημαντικό να παρακολουθείτε τους αρνητικούς που, εφόσον είναι και κυριαρχικοί χαρακτήρες, μπορούν να επηρεάσουν την άποψη των άλλων.

Δεν καταστρέφει κανείς αυτό που βοήθησε να χτιστεί

Ένας αποδεδειγμένος τρόπος για να κερδίσουμε την υποστήριξη των stakeholders είναι να προάγουμε τη συμμετοχή τους στο έργο από την αρχή - γιατί κανείς δεν καταστρέφει κάτι που βοήθησε να χτιστεί!

Πράξεις όπως το να ζητήσετε τη γνώμη ενός συγκεκριμένου stakeholder, να τους προσκαλέσετε στη συνάντηση kick-off του έργου, να τους τηλεφωνήσετε για μια γρήγορη ενημέρωση σχετικά με την πρόοδο, να τους ζητήσετε να επιθεωρήσουν ένα συγκεκριμένο έγγραφο, μοιάζουν συμβολικές. Αν και είναι τις περισσότερες φορές απλές ενέργειες, είναι αρκετές για να οδηγήσουν στο ξεκίνημα μιας σχέσης ή να δημιουργηθεί συμπάθεια και μια αίσθηση ότι ανήκουν στο έργο. Αυτό ειδικά, είναι κάτι που μπορεί να αποδειχθεί πολύ χρήσιμο αργότερα.

Συναισθηματική νοημοσύνη

Στο τέλος της ημέρας, όλα τα έργα γίνονται από ανθρώπους, με ανθρώπους, για τους ανθρώπους.

Ας μην ξεχνάμε ότι οι stakeholders είναι και αυτοί άνθρωποι, και όπως όλοι οι άνθρωποι, έχουν αισθήματα, ελπίδες, φόβους και συναισθηματικές ανάγκες. Η αναγνώριση αυτής της πραγματικότητας και η ικανότητα αντιμετώπισής της πρέπει να είναι μια βασική ικανότητα οποιουδήποτε project manager. Επιπλέον, πρέπει να είναι και συναισθηματικά ευφυής για να πετύχει στο ρόλο του.

Η συναισθηματική νοημοσύνη περιγράφεται συνήθως ως η ικανότητα να γνωρίζει κανείς πώς να κατανοεί και να διαχειρίζεται τα συναισθήματά του αλλά και τα συναισθήματα των άλλων. Χρησιμοποιώντας λοιπόν τις δεξιότητες της λογικής σκέψης και της ενσυναίσθησης, έχουμε το απαραίτητο συστατικό για την καλή διαχείριση των stakeholders.

Αν σας άρεσε η ιστορία αυτή, δείτε τα παρακάτω:

- Cleland, D. I. (1986). Project stakeholder management (pp. 275-301). John Wiley & Sons, Inc..
- Goleman, D., Boyatzis, R., & McKee, A. (2013). Primal leadership: Unleashing the power of emotional intelligence. Harvard Business Press.
- Trentim, M. (2013). Managing Stakeholders as Clients: Sponsorship, Partnership, Leadership, and Citizenship. Project Management Institute

Marisa Silva

ΤΟ ΑΓΟΡΙ ΠΟΥ ΦΩΝΑΖΕ «ΛΥΚΟΣ»

Μια φορά κι έναν καιρό, ήταν ένας μικρούλης βοσκός που βαρέθηκε να κοιτάει όλη μέρα τα πρόβατά του να βόσκουν πάνω στο λόφο και σκέφτηκε να διασκεδάσει. Πήρε μια βαθιά ανάσα και φώναξε δυνατά: «Λύκος! Λύκος! Ο λύκος κυνηγάει τα πρόβατά μου!»

Οι άνδρες του χωριού έτρεξαν μέχρι το λόφο για να βοηθήσουν το αγόρι να διώξει το λύκο. Αλλά μόλις έφθασαν στην κορυφή, δεν βρήκαν κανέναν λύκο. Το αγόρι γέλασε μόλις είδε τα θυμωμένα τους πρόσωπα.

«Μη φωνάζεις "Λύκος!", μικρέ βοσκέ, αν δεν υπάρχει λύκος!» του είπαν οι χωρικοί και κατέβηκαν τον λόφο γκρινιάζοντας.

Αργότερα, το αγόρι φώναξε και πάλι δυνατά: «Λύκος! Λύκος! Ο λύκος κυνηγάει τα πρόβατά μου!» Με μεγάλη ευχαρίστηση, είδε και πάλι τους χωρικούς να ανεβαίνουν το λόφο για να τον βοηθήσουν να διώξει το λύκο μακριά.

Μόλις οι χωρικοί διαπίστωσαν ότι και πάλι δεν υπήρχε λύκος, του είπαν αυστηρά, «Καλύτερα να κρατήσεις τις φοβισμένες σου κραυγές για τη στιγμή που όντως κάτι δεν πάει καλά! Μη φωνάζεις "Λύκος!" αν δεν υπάρχει λύκος!»

Αλλά το αγόρι απλά χαμογέλασε και τους παρακολούθησε να κατεβαίνουν το λόφο γκρινιάζοντας για μια ακόμη φορά.

Αργότερα, είδε έναν αληθινό λύκο να περιφέρεται γύρω από το κοπάδι του. Τινάχτηκε επάνω και στάθηκε στα πόδια του φωνάζοντας όσο πιο δυνατά μπορούσε «Λύκος! Λύκος!»

Οι χωρικοί όμως σκέφτηκαν ότι προσπαθούσε να τους κοροϊδέψει για άλλη μια φορά και δεν πήγαν να βοηθήσουν.

Στη δύση του ηλίου, όλοι στο χωριό αναρωτήθηκαν γιατί ο μικρός βοσκός δεν είχε επιστρέψει το κοπάδι στο χωριό. Τον αναζήτησαν πάνω στο λόφο. Βρήκαν το αγόρι να κλαίει γοερά.

«Ήταν πραγματικά ένας λύκος εδώ! Το κοπάδι διασκορπίστηκε! Φώναξα "Λύκος!" Γιατί δεν ήρθατε;»

Ένας γέροντας προσπάθησε να ηρεμήσει το αγόρι καθώς επέστρεφαν όλοι μαζί στο χωριό.

«Θα σε βοηθήσουμε να βρεις το χαμένο κοπάδι σου αύριο το πρωί», είπε αγκαλιάζοντας το αγόρι. «Να θυμάσαι ότι κανείς δεν πιστεύει έναν ψεύτη, ακόμη κι αν λέει την αλήθεια!»

Αίσωπος. (Έκτος αιώνας π.Χ.) Fables. The Harvard Classics. 1909–14

Πώς σχετίζεται με το Project Management;

Η έννοια της επαγγελματικής ηθικής και της μεγάλης σημασίας της έχει ήδη αναφερθεί σε συντομία σε μερικές από τις προηγούμενες ιστορίες αυτού του βιβλίου. Θυμηθείτε την περίπτωση με τα έργα σαν «καρπούζια» ή τα έργα με μη ρεαλιστικά business cases. Ωστόσο, κανένα από αυτά δεν αναδεικνύει την ηθική όσο αυτή η ιστορία του αγοριού που φώναζε «Λύκος!»

Παρόλο που η επαγγελματική ηθική είναι ύψιστης σημασίας στη διαχείριση έργων, λίγα βιβλία μόνο στην αγορά καλύπτουν αυτό το θέμα με τη σοβαρότητα που του αξίζει, ενώ άλλα το υποβαθμίζουν στο παρασκήνιο ή το περιορίζουν απλά στα πλαίσια ενός κώδικα συμπεριφοράς.

Εκτός από τον σχεδόν άμεσο αντίκτυπο στη φήμη του επαγγελματία (και του επαγγέλματος!) τα περιστατικά διαχείρισης έργων που σχετίζονται με την ηθική μπορεί να έχουν αντίκτυπο που εκτείνεται πέρα από το επίπεδο του έργου. Επίσης να αναφέρουμε και τον αυξημένο κίνδυνο στο σχεδιασμό της ποιότητας του προϊόντος ή τις επιπτώσεις στην υγεία και την ασφάλεια. Είναι λοιπόν ένα κρίσιμο ζήτημα που δεν πρέπει να υποτιμάται.

Όπως φαίνεται στην ιστορία του αγοριού που φώναζε «Λύκος!» οι λανθασμένοι ισχυρισμοί για το έργο έχουν αρνητικές επιπτώσεις στις προσδοκίες και στη σχέση με τους stakeholders, όχι μόνο βραχυπρόθεσμα αλλά και μακροπρόθεσμα, οδηγώντας σε απώλεια αξιοπιστίας που μπορεί να υπονομεύσει όλους όσους εμπλέκονται στο έργο.

Η διαμάχη μεταξύ του τι είναι σωστό να γίνει και του πιο πρακτικού ή γρήγορου ή φθηνού, δεν είναι άγνωστη στους project managers, που καθημερινά πρέπει να λαμβάνουν τέτοιες αποφάσεις που χαρακτηρίζουν τη στάση τους απέναντι στην ηθική και στον επαγγελματισμό.

Ηθικό δίδαγμα της ιστορίας

Από τη σύγκρουση συμφερόντων και την παράλειψη γεγονότων ή ακόμα και την έλλειψη σεβασμού προς άλλες κουλτούρες, υπάρχουν διάφορα συμβάντα όπου η επαγγελματική ηθική μπορεί να τεθεί υπό αμφισβήτηση.

Οι ακόλουθες πρακτικές είναι ενδεικτικές και οδηγούν στη δημιουργία μιας κουλτούρας ηθικής και υπευθυνότητας στο έργο.

Μάθετε τα διδάγματά σας

Η ιστορία του αγοριού που φώναζε «Λύκος!» αποτελεί ένα χαρακτηριστικό παράδειγμα ενός lesson learned (δίδαγμα).

Τα lessons learned δημιουργούνται συνέχεια καθ' όλη τη διάρκεια του έργου. Ωστόσο, υπάρχει συνήθως η εσφαλμένη πρακτική όπου τα lessons learned καταγράφονται μόνο στο τέλος του έργου.

Όλα τα lessons learned πρέπει να τεκμηριώνονται και να συζητούνται καθώς προκύπτουν μέσα στο έργο, διότι μετά την ολοκλήρωσή του μπορεί να είναι πιο δύσκολο για τα μέλη της ομάδας να θυμούνται όλα όσα έμαθαν πριν από καιρό. Να αναφέρουμε επίσης και ένα άλλο θέμα, το πόσο γρήγορα αποδεσμεύονται οι ομάδες έργου και τα μέλη μετακινούνται σε επόμενο έργο, οδηγώντας έτσι σε βιαστικά και ελλιπή κλεισίματα. Καταγράφοντας συνεχώς τα lessons learned, η ομάδα έργου μπορεί να τα χρησιμοποιήσει καλύτερα για τις επόμενες φάσεις του παρόντος έργου και όχι μόνο για μελλοντικά έργα.

Πρέπει να σημειωθεί, ωστόσο, ότι ένα τεκμηριωμένο lesson learned δεν ισοδυναμεί απαραίτητα με μάθηση. Επίσης, η παρατήρηση ενός γεγονότος είναι κάτι πολύ διαφορετικό από μια πρακτική σύσταση για τα μελλοντικά έργα, αυτό δηλαδή που πρέπει να είναι πραγματικά ένα lesson learned!

Έτσι, εναπόκειται στον Project Manager και στους φορείς υποστήριξης, όπως το PMO, να καλλιεργήσουν την κατάλληλη κουλτούρα για «στοχαστικές» πρακτικές. Αυτές θα μετατρέψουν τα μεμονωμένα lessons learned από κάθε μέλος της ομάδας σε μία από κοινού συλλογική γνώση και θα οδηγήσουν στη δημιουργία ενός οργανισμού μάθησης που γιορτάζει όταν μαθαίνει αντί να αναδεικνύει την αποτυχία.

Δεν υπάρχουν θετικά και αρνητικά lessons learned: κάθε lesson learned είναι θετικό λόγω της φύσης του.

Ηγηθείτε δίνοντας το καλό παράδειγμα

Ο καλύτερος τρόπος για να αναδειχθεί το ποια θα πρέπει να είναι η συμπεριφορά στο έργο, είναι μέσω της λογικής του «δίνω το καλό παράδειγμα». Κάνοντας αυτά που λέει, ο Project Manager σηματοδοτεί ένα επίπεδο αριστείας και δέσμευσης στα λόγια του, καθιστώντας τον εαυτό του ως παράδειγμα προς μίμηση για την υπόλοιπη ομάδα αλλά και των συναδέλφων στον οργανισμό.

Αν ο Project Manager επισημαίνει τη σημαντικότητά του να ξεκινούν οι συναντήσεις στην ώρα τους αλλά ο ίδιος είναι ο πρώτος που συστηματικά αργεί σε αυτές, τότε χάνει την αξιοπιστία του. Ως εκ τούτου, αποθαρρύνει την ομάδα, η οποία λίγο αργότερα μπορεί να μη λάβει στα σοβαρά τα λόγια και τις αποφάσεις του. Συνεπώς, είναι απαραίτητο ο Project Manager να είναι ο πρώτος που θα δώσει το καλό παράδειγμα μέσω των λέξεων που χρησιμοποιεί, της συμπεριφοράς, της στάσης και των αποφάσεών του.

Ορίστε έναν κώδικα δεοντολογίας για το έργο

Παρά το γεγονός ότι ο ίδιος ο οργανισμός μπορεί να έχει έναν κώδικα δεοντολογίας, με τον καθορισμό ενός κώδικα δεοντολογίας για το έργο χτίζουμε τη δική του ταυτότητα και ενισχύουμε το μήνυμα της σημαντικότητας της ηθικής στον τρόπο λειτουργίας της ομάδας.

Ο κώδικας δεοντολογίας είναι ένα έγγραφο που προορίζεται στο να καθοδηγήσει και να πειθαρχήσει την ομάδα του έργου σύμφωνα με ένα σύνολο ηθικών αρχών. Επιπρόσθετα, καθορίζει ποιες είναι οι βασικές αξίες που δεν τις διαπραγματευόμαστε και πρέπει να σέβονται όλοι.

Αυτός ο κώδικας δεοντολογίας δεν πρέπει να τηρείται μόνο ως προς τα ζητήματα συμμόρφωσης, αλλά ιδανικά πρέπει να ευθυγραμμίζεται με τις προσωπικές αξίες εκείνων που απαρτίζουν την ομάδα. Εναπόκειται στον Project Manager να διασφαλίσει ότι ο κώδικας δεοντολογίας είναι γνωστός και τηρείται από όλους στην ομάδα του έργου, καθώς θα είναι αποτελεσματικός μόνο εάν η ομάδα δεσμευτεί να τον τηρήσει ως βάση για τις αποφάσεις και τις συμπεριφορές τους.

Επιλέξτε ηθικά υπεύθυνους προμηθευτές

Η ηθική ευθύνη σε ένα έργο δεν περιορίζεται στον Project Manager και την ομάδα του, αλλά σε όλους όσους καλούνται να αναλάβουν ενεργό ρόλο. Ακόμη και οι προμηθευτές έχουν να παίξουν σημαντικό ρόλο στο έργο.

Αυτό σημαίνει ότι ο Project Manager δεν πρέπει να περιορίζεται μόνο στο θέμα του κόστους κατά την επιλογή προμηθευτών, αλλά πρέπει να λαμβάνει επίσης και την επαγγελματική δεοντολογία ως κριτήριο επιλογής. Με βάση αυτό, προμηθευτές με συμπεριφορά που δεν ευθυγραμμίζεται με το επίπεδο που έχει καθοριστεί για το έργο θα πρέπει να εξαιρούνται από τη λίστα των εγκεκριμένων προμηθευτών του έργου ή/και του οργανισμού.

Θέματα όπως η φθηνή εργασία, η παιδική εργασία, η εκμετάλλευση των εργαζομένων, η χρήση τοξικών για το περιβάλλον προϊόντων, οι διακρίσεις ή η ανισότητα των φύλων, είναι σοβαρές καταστάσεις οι οποίες δεν πρέπει να παραβλέπονται σε ένα έργο. Ένα και μόνο τέτοιο περιστατικό αρκεί για να καταστρέψει την υπόληψη που χρειάστηκε μια ζωή για να χτιστεί!

Πριν από την υπογραφή λοιπόν της σύμβασης, ο Project Manager πρέπει να απαιτήσει από τον προμηθευτή να συμφωνήσει με τον κώδικα δεοντολογίας που έχει οριστεί για το έργο, διασφαλίζοντας έτσι την ηθική του ευθύνη σε ευθυγράμμιση με τις βιώσιμες εργασιακές πρακτικές.

Αν σας άρεσε η ιστορία αυτή, δείτε τα παρακάτω:

- APM Code of Professional Conduct (n.d.). Association for Project Management
- Bredillet, C. (2014). Ethics in project management: some Aristotelian insights. International Journal of Managing Projects in Business, Vol. 7 Iss: 4, pp.548 – 565
- Helgadóttir, H. (2008). The ethical dimension of project management. International Journal of Project Management, 26(7), 743-748.
- IPMA Code of Ethics and Professional Conduct (2015). International Project Management Association
- Jonasson, H. I., & Ingason, H. T. (2013). Project Ethics. Gower Publishing, Ltd.
- Kliem, R. L. (2011). Ethics and project management. CRC Press.
- PMI Code of Ethics and Professional Conduct (2006). Project Management Institute
- Senge, P. M. (2006). The fifth discipline: The art and practice of the learning organisation. Broadway Business.
- Schön, D. A. (1983). The reflective practitioner: How professionals think in action (Vol. 5126). Basic books.
- Special issue on ethics in project management. (2013). International Journal of Managing Projects in Business, Vol. 6 Iss: 1

Marisa Silva

ΤΟ ΚΡΕΒΑΤΙ ΤΟΥ ΠΡΟΚΡΟΥΣΤΗ

Όπως φαίνεται και από το όνομά του, ο Προκρούστης (προ κρούω = χτυπώ, επιμηκύνω κάτι σφυρηλατώντας το), ήταν αναμφισβήτητα η πιο ενδιαφέρουσα από τις προκλήσεις του Θησέα στη διαδρομή για να γίνει ήρωας.

Είχε ένα σπίτι στην άκρη του δρόμου και πρόσφερε τη φιλοξενία του στους διαβάτες περαστικούς, δελεάζοντάς τους με ένα νόστιμο γεύμα και μια νύχτα ξεκούρασης σε ένα ιδιαίτερο κρεβάτι.

Ο Προκρούστης περιέγραφε το κρεβάτι αυτό ότι είχε τη μοναδική ιδιότητα να προσαρμόζεται κατά μήκος ακριβώς σε αυτόν που ξαπλώνει επάνω του.

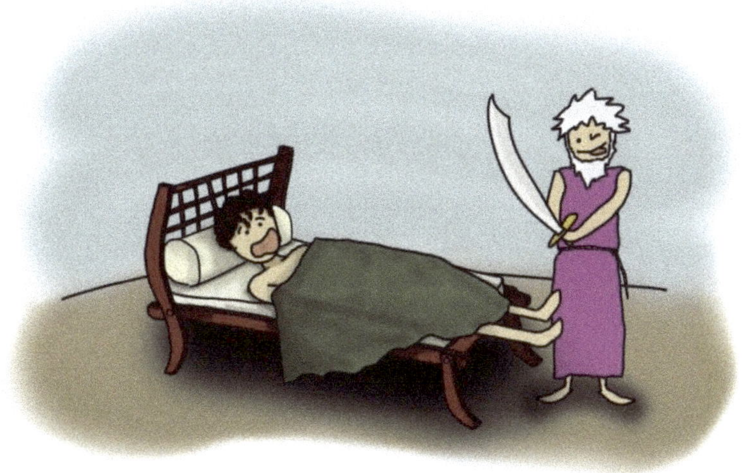

Αυτό βέβαια που ο Προκρούστης δεν αποκάλυπτε ήταν το πώς η μέθοδος «ένα μέγεθος για όλους» πρακτικά λειτουργούσε. Όταν λοιπόν κάποιος ξάπλωνε στο κρεβάτι αυτό, αν ήταν κοντός, ο Προκρούστης του τραβούσε τα άκρα μέχρι να φτάσουν το μήκος του, ενώ αν ήταν ψηλός του έκοβε τα πόδια του όσο προεξείχαν.

Ο Θησέας έβαλε τον Προκρούστη να ξαπλώσει ο ίδιος στο κρεβάτι του και όντας μακρύτερο από αυτό, του έκοψε το κεφάλι και τα πόδια, σκοτώνοντάς τον.

(http://www.mythweb.com/teachers/why/basics/procrustes.html)

Πώς σχετίζεται με το Project Management;

Εάν έχετε μια πολυμελή οικογένεια, προφανώς και δεν θα αγοράζατε ένα Smart Fortwo, έτσι δεν είναι; Ομοίως, πιθανότατα δεν θα οδηγούσατε μια λιμουζίνα στην παραλία, εκτός εάν θέλετε να κολλήσετε στην άμμο, και δεν θα εμφανιζόσασταν με χαβανέζικα ρούχα αν σας προσκαλούσαν σε έναν γάμο (εκτός αν, φυσικά, θέλετε να τραβήξετε την προσοχή ή είναι ένας γάμος στη Χαβάη!) Γιατί λοιπόν εξακολουθούμε να πιστεύουμε ότι μια και μοναδική προσέγγιση διαχείρισης έργων μπορεί να ταιριάζει σε οποιοδήποτε έργο;

Αν και αυτό μπορεί να φαίνεται γελοίο σε ορισμένους, το γεγονός είναι ότι ορισμένοι οργανισμοί εξακολουθούν να διαχειρίζονται έργα εκατομμυρίων ευρώ με τον ίδιο τρόπο που θα διαχειρίζονταν έργα «αξίας» χιλιάδων ευρώ. Χρησιμοποιούν τα ίδια πρότυπα έγγραφα έργου, απαιτούν την ίδια συχνότητα αναφορών κατάστασης προόδου, ορίζουν στο έργο τις ίδιες φάσεις και εφαρμόζουν ακριβώς τα ίδια στοιχεία.

Το αποτέλεσμα ποιο είναι όμως; Μια προσέγγιση που είναι εξαιρετικά τυποποιημένη και δίνει ένα ορισμένο επίπεδο ελέγχου και προβλεψιμότητας στο PMO, η οποία, από την άλλη πλευρά, υποβαθμίζει οτιδήποτε άλλο καθώς απλά δεν ταιριάζει στο μέγεθος ή στην πολυπλοκότητά των έργων τους.

Πιστέψτε με: Οι βέλτιστες πρακτικές είναι καλές στην αρχή, αλλά μετά από λίγο θα συνειδητοποιήσετε ότι οι πρακτικές που ταιριάζουν σε κάθε περίπτωση είναι ακόμα καλύτερες.

Είναι πολύ εύκολο να πέσουμε στην παγίδα του συνδρόμου "a project is a project is a project" (Shenhar & Dvir, 2007) ακολουθώντας τυφλά τη μεθοδολογία να γίνουμε «μηχανές» και όχι ευέλικτοι στις διαφορετικές εκδόσεις της πραγματικότητας.

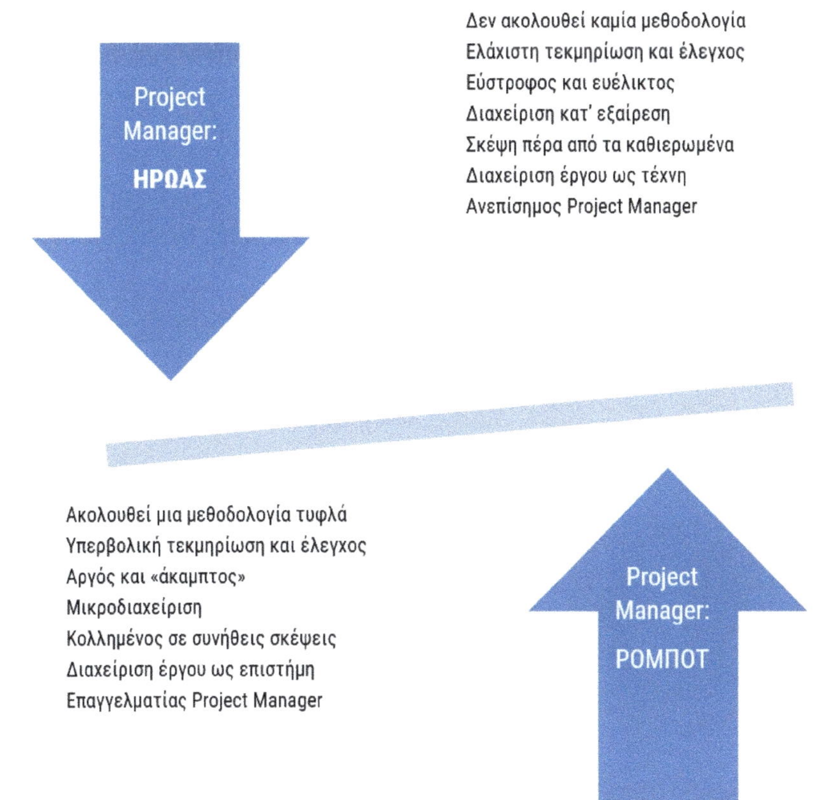

Όπως και με τα περισσότερα πράγματα στη ζωή, η αρετή είναι κάπου στη μέση.

Η ικανότητα προσαρμογής των διαδικασιών διαχείρισης έργων στα χαρακτηριστικά του έργου και του γενικού πλαισίου, που διασφαλίζει ότι η διαχείριση των έργων γίνεται με την κατάλληλη τεκμηρίωση και έλεγχο και που σχετίζεται με το περιβάλλον του έργου και τον σχεδιασμό του προϊόντος, είναι κοινώς γνωστή ως tailoring (προσαρμογή). Είναι ένα απαραίτητο βήμα για να διασφαλίσετε ότι αυτό που προτείνει το δικό σας PMO, ταιριάζει πραγματικά στην ανάγκη σας.

Το παράδειγμα που επικρατούσε για πολύ καιρό στη διαχείριση έργων προήλθε από την άποψη του Taylor, γνωστή και ως Taylorism (Taylor, 1856-1915). Εκφράστηκε ιδιαίτερα από τον Ford (1863-1947), όταν είπε την περίφημη ατάκα για τα οχήματα που κατασκεύαζε, ότι ο πελάτης «θα μπορούσε να έχει όποιο χρώμα ήθελε, αρκεί να ήταν μαύρο». Ο κόσμος μας έχει αλλάξει πολύ από τότε, και πλέον έχουμε να επιλέξουμε από μυριάδες χρώματα.

Το ίδιο ισχύει και με τα έργα: όλα τα έργα είναι διαφορετικά και ένα μέγεθος δεν ταιριάζει πλέον σε όλα, επομένως πρέπει να προσδιορίσετε ποιο μέγεθος σας ταιριάζει καλύτερα για να αποφύγετε μια κατάσταση όπου η προσέγγιση δεν ευθυγραμμίζεται με το έργο, όπως το κρεβάτι του Προκρούστη.

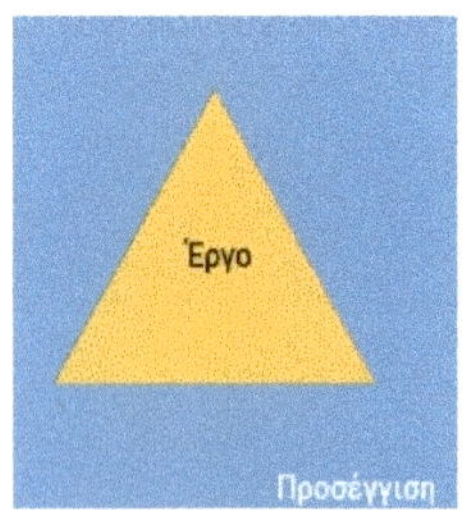

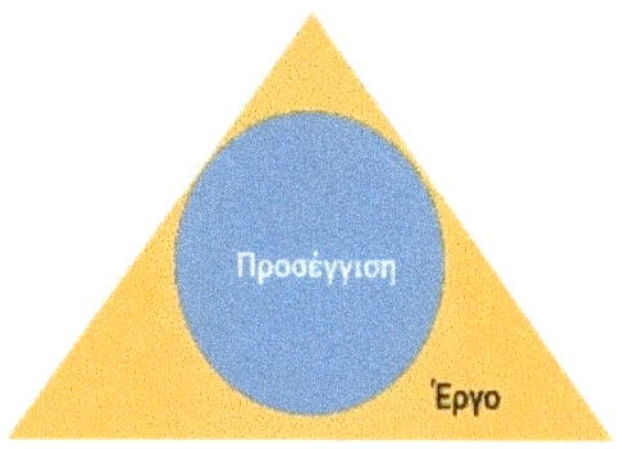

Ηθικό δίδαγμα της ιστορίας

Η ικανότητα προσαρμογής είναι μια κατευθυντήρια αρχή σε πολλές από τις σημαντικές διαθέσιμες μεθοδολογίες διαχείρισης έργων, καθώς και θέμα κοινής λογικής. Ωστόσο, δεν επενδύουν πολλοί οργανισμοί σε αυτό επειδή δεν ξέρουν πώς να το κάνουν ή για άλλους λόγους.

Παρακάτω ακολουθούν μερικά από τα βασικά βήματα για αποτελεσματική προσαρμογή:

Προσδιορίστε τις διαστάσεις που χαρακτηρίζουν τα έργα σας

Το πρώτο βήμα για μια αποτελεσματική προσαρμογή είναι να κατανοήσουμε, από την ανάλυση ιστορικών δεδομένων, τι είδους έργα αποτελούν συνήθως το χαρτοφυλάκιο του οργανισμού και τι τα διαφοροποιεί μεταξύ τους, δηλαδή ποιες είναι οι διαστάσεις που τα ορίζουν.

Τι υπαγορεύει στον οργανισμό το μέγεθος της παρακολούθησης και του ελέγχου που πρέπει να ασκείται σε ένα έργο;

Κάθε οργανισμός (και κάθε κλάδος) θα ορίσει διαφορετικές προσεγγίσεις, λαμβάνοντας υπόψη την ανοχή στον κίνδυνο, την κουλτούρα του ή το επίπεδο ωριμότητας. Μπορεί επίσης να εξαρτάται από το επίπεδο καινοτομίας που ενσωματώνει το έργο, πόσο σαφείς είναι οι απαιτήσεις, το μέγεθος του έργου και τον αριθμό των εμπλεκόμενων χωρών, πόσο απαιτητικός είναι ο πελάτης, ή ένας συνδυασμός όλων αυτών.

Ορίστε μια τυπολογία έργου

Μόλις εντοπιστούν τα βασικά χαρακτηριστικά που συνθέτουν συνήθως τα έργα, το PMO μπορεί να αρχίσει να καθορίζει μια τυπολογία έργων για τον οργανισμό. Αυτή η δραστηριότητα στοχεύει στο να υποδείξει ποιες παραμέτρους ή ποια όρια στις διαστάσεις που προσδιορίστηκαν προηγουμένως θα διακρίνουν ένα έργο από ένα άλλο.

Το αποτέλεσμα μπορεί να είναι κάτι απλό, όπως να έχουμε τρεις τύπους έργων, Α/Β/Γ, ή Μικρό/Μεσαίο/Μεγάλο ή Απλό/Κανονικό/Σύνθετο, και πρέπει να είναι σαφές σε όλους τι διακρίνει τον κάθε τύπο από τους άλλους.

Για παράδειγμα, έργα τα οποία ταιριάζουν στον τύπο «Απλό» μπορεί να είναι αυτά που έχουν προϋπολογισμένο κόστος (budget) μέχρι και 50.000 Ευρώ και διάρκεια μέχρι τρεις μήνες. «Κανονικό» έργο θα είναι αυτό με budget μέχρι και 250.000 Ευρώ και εκτιμώμενη διάρκεια από 3 έως 12 μήνες. Στην κατηγορία «Σύνθετο» θα ανήκουν τα έργα που ξεπερνούν σε budget τα 250.000 Ευρώ και σε διάρκεια πάνω από 12 μήνες.

Συμφωνείστε τις υποκείμενες συνέπειες

Η βασική αρχή της προσαρμογής είναι αυτή της ρύθμισης του επιπέδου παρακολούθησης και ελέγχου ανάλογα με τα χαρακτηριστικά και την πολυπλοκότητα κάθε έργου, οπότε ένα βασικό βήμα είναι να καθοριστεί τι σημαίνει η προσαρμογή στην πράξη για κάθε τύπο έργου.

«Χρειάζεται να δημιουργώ αναφορά προόδου κάθε εβδομάδα για ένα έργο που έχει προγραμματιστεί να διαρκέσει ένα μήνα;» ή «Ταιριάζουν όλες οι φάσεις διαχείρισης στο δικό μου έργο;» είναι παραδείγματα ερωτήσεων που θα πρέπει να απαντηθούν από τη διεργασία της προσαρμογής.

Οι υποκείμενες συνέπειες μιας αποτελεσματικής προσαρμογής

μπορεί να είναι ορατές σε διάφορα επίπεδα, όπως τα απαιτούμενα και ενδεδειγμένα έγγραφα που πρέπει να χρησιμοποιηθούν μέσα στη μεθοδολογία, ποιες ομάδες stakeholders θα συμμετέχουν στο πλάνο επικοινωνίας, ποιες είναι οι εφαρμόσιμες φάσεις διαχείρισης, οι μηχανισμοί και οι διαδρομές διακυβέρνησης, ποιες πρέπει να είναι οι απαιτήσεις επικοινωνίας και των αναφορών, ο αριθμός των διαθέσιμων πόρων υποστήριξης (π.χ. αναλυτές PMO) ή οι συμφωνημένες ανοχές για κάθε τύπο έργου.

Όλες αυτές οι συνέπειες συνήθως καταγράφονται σε έναν πίνακα.

Αξιολογήστε την πολυπλοκότητα του έργου

Μόλις η διαδικασία της προσαρμογής καθιερωθεί στον οργανισμό, τα νέα έργα θα πρέπει να περάσουν από μια αξιολόγηση της πολυπλοκότητάς τους που θα προσδιορίσει σε ποιον τύπο ανήκουν.

Η πολυπλοκότητα μπορεί να αξιολογηθεί μέσω ενός απλού ερωτηματολογίου ή με μια συζήτηση με κάποιο μέλος της ομάδας PMO. Από αυτήν την αξιολόγηση θα προκύψει ο τύπος του έργου και, κατά συνέπεια, θα καθοριστούν οι προσδοκίες της παρακολούθησης και του ελέγχου.

Πρέπει να τονίσουμε ότι η προστιθέμενη αξία της προσαρμογής αντιστοιχεί ακριβώς στην ευελιξία που προσφέρει, οπότε αυτή η αρχή θα πρέπει επίσης να στηρίζει και την ίδια τη διαδικασία προσαρμογής, επιτρέποντας αλλαγές και προσαρμογές όταν απαιτείται.

Αν σας άρεσε η ιστορία αυτή, δείτε τα παρακάτω:

- Shenhar, A. J., & Dvir, D. (2007). Reinventing project management: the diamond approach to successful growth and innovation. Harvard Business Review Press.
- Silva, M., & Jeronimo, C. (2013). From Taylor to Tailoring-In

Pursuit of the Organisational Fit. In Second International Scientific Conference on Project Management in the Baltic Countries.

- Turner, R., Ledwith, A., & Kelly, J. (2012). Project management in small to medium-sized enterprises: tailoring the practices to the size of company. Management Decision, 50(5), 942-957.
- Whitaker, S. (2012). The art of tailoring: making your project methodology fit. Project Management Institute

ΗΘΙΚΟ ΔΙΔΑΓΜΑ

Στα παραμύθια μπορεί να είναι φυσιολογικό να βρίσκουμε ένα καλό τέλος, αλλά όταν πρόκειται για τη διαχείριση ενός έργου, τότε τα πράγματα είναι λίγο διαφορετικά.

Η «εργο-ποίηση (projectification)» της κοινωνίας (Midler, 1995), ο αυξανόμενος αριθμός των mega-projects (Flyvbjerg et al, 2003) και η αύξηση του αριθμού των πιστοποιημένων επαγγελματιών στη διαχείριση έργου (PMI, 2016), συνιστούν σε εκθετικό ενδιαφέρον και αναγνώριση τη χρησιμότητα του τομέα διαχείρισης έργων. Παρ' όλα αυτά εξακολουθούμε να είμαστε αντιμέτωποι με μια ανησυχητική πραγματικότητα: κάθε χρόνο, οι αναφορές που δημοσιεύονται από διάφορους οργανισμούς επιβεβαιώνουν ότι τα περισσότερα έργα εξακολουθούν να αποτυγχάνουν ή να παραδίδονται με χαμηλά επίπεδα ποιότητας.

Η πρώτη αναφορά «Chaos Report» που δημοσιεύτηκε το 1994, έδειξε τότε ποσοστό επιτυχίας μόνο 16.2%. Αυτό το ποσοστό ήταν μόλις 29% το 2015 (Hastie & Wojewoda, 2015). Ως τομέας επαγγελματικής ενασχόλησης, φαίνεται ότι η διαχείριση έργων δεν έχει βελτιωθεί και πολύ στα είκοσι χρόνια που πέρασαν, και ακόμη και σήμερα, περίπου 7 στα 10 έργα χαρακτηρίζονται ως αποτυχημένα.

Μήπως αυτό οφείλεται στο γεγονός ότι τα έργα γίνονται όλο και πιο περίπλοκα, ότι στηριζόμαστε σε βέλτιστες πρακτικές που δεν λειτουργούν πλέον ή απλά δεν μαθαίνουμε από το παρελθόν;

Η απάντηση είναι δύσκολη και πιθανόν όχι μία, αλλά ομόφωνα συμφωνούμε για το πρόβλημα. Πρέπει να καθίσουμε και να σκεφτούμε, να επαναπροσδιορίσουμε την κυρίαρχη άποψη στη διαχείριση έργων. Χρειάζεται μια νέα πρόταση, μακριά από «ρομποτικές» ή απλά λειτουργικές ιδέες πάνω στη διαχείριση έργων.

Χρειαζόμαστε ένα παράδειγμα που βλέπει τα έργα όχι μόνο ως επενδύσεις αλλά και ως κληρονομιά, που αντιπροσωπεύει μια συνειδητή, βιώσιμη διαχείριση έργων και όπου η επιτυχία του έργου υπερβαίνει το τρίγωνο ποιότητας, χρόνου και κόστους και μετριέται από την ικανοποίηση των stakeholders, δημιουργεί αντίκτυπο βραχυπρόθεσμα και μακροπρόθεσμα και παράγει πραγματική αξία. Ένα όραμα που φέρνει ένα νέο αύριο, σε έναν κόσμο όπου όλα τα έργα ολοκληρώνονται επιτυχημένα.

Ήρθε η ώρα να γράψουμε ένα νέο κεφάλαιο στον τομέα της διαχείρισης έργων.

ΒΙΒΛΙΟΓΡΑΦΙΑ

A Guide to the Project Management Body of Knowledge (PMBOK® Guide) – Fifth Edition (2013). Project Management Institute

Abramovici, A. (2000). Controlling scope creep. PM NETWORK, 14 (1), 44-50.

APM Assurance SIG (2014). A Guide to Integrated Assurance. Association for Project Management

APM Assurance SIG (2016). Measures for Assuring Projects. Association for Project Management

APM Body of Knowledge 6th edition (2012). Association for Project Management

APM Code of Professional Conduct (n.d.). Retrieved 8 September, 2016, from https://www.apm.org.uk/sites/default/files/APM%20Code%20of%20Professional%20Conduct%20-%20April%202016%20FINAL.pdf

APM Earned Value Management Specific Interest Group (2013). Earned Value Management Handbook. Association for Project Management

Brown, M. (1986). Stone Soup: An Old Tale. Simon & Schuster; 1st Aladdin Books Ed edition (31 Oct. 1986)

Burke, R. (2013). Project management: planning and control techniques. New Jersey, USA.

Carroll, L. (2010). Alice in Wonderland & Through the Looking Glass. Bibliolis Books.

Chapman, C., & Ward, S. (2003). Project risk management: processes, techniques and insights.

Cicmil, S., Williams, T., Thomas, J., & Hodgson, D. (2006). Rethinking project management: researching the actuality of projects. International Journal of Project Management, 24(8), 675-686.

Cleland, D. I. (1986). Project stakeholder management (pp. 275-301). John Wiley & Sons, Inc.

Collison, C. & Parcell, G. (2004). Learning to Fly: Practical Knowledge Management from Leading and Learning Organisations. Capstone, 2nd Edition.

Fleming, Q. W., & Koppelman, J. M. (2000). Earned value project management. Project Management Institute.

Flyvbjerg, B., Bruzelius, N., & Rothengatter, W. (2003). Megaprojects and risk: An anatomy of ambition. Cambridge University Press.

Flyvbjerg, B., Mette, K., Skamris, H., and Søren, L. B. (2005) 'How (In)accurate Are Demand Forecasts in Public Works Projects', Journal of the American Planning Association

Frederick P. Brooks, Jr. The Mythical Man-Month. 1995 [1975]. Addison-Wesley

Goleman, D., Boyatzis, R., & McKee, A. (2013). Primal leadership: Unleashing the power of emotional intelligence. Harvard Business Press.

Hastie, S., & Wojewoda, S. (2015). Standish Group 2015 Chaos Report-Q&A with Jennifer Lynch, 1(15), 2016.

Helgadóttir, H. (2008). The ethical dimension of project management. International Journal of Project Management, 26(7), 743-748.

Hussain, O. A. (2012). Direct cost of scope creep in governmental construction projects in Qatar. Global Journal of Management And Business Research, 12(14)

IPMA Code of Ethics and Professional Conduct (2015). Retrieved 8 September, 2016, from http://www.ipma.world/assets/IPMA-Code-of-Ethics-and-Professional-Conduct.pdf

Jacobs, J. (1890). English Fairy Tales. Oxford University. pp. 68–72

Jenner, S. (2009), Realising Benefits from Government ICT Investment – a fool's errand?, Reading: Academic Publishing

Jonasson, H. I., & Ingason, H. T. (2013). Project Ethics. Gower Publishing, Ltd.

Jugdev, K. (2012). Learning from lessons learned: Project management research program. American Journal of Economics and Business Administration, 4(1), 13.

Kahneman, D. (2011). Thinking, fast and slow. Macmillan

Kelley Jr, J. E., & Walker, M. R. (1959). Critical-path planning and scheduling. In Papers presented at the December 1-3, 1959, Eastern Joint IRE-AIEE-ACM Computer Conference (pp. 160-173). ACM.

Kerzner, H. R. (2013). Project management: a systems approach to planning, scheduling, and controlling. John Wiley & Sons.

Khan, A. (2006). Project scope management. Cost engineering, 48(6), 12-16.

Kliem, R. L. (2011). Ethics and project management. CRC Press.

Koskela, L. J., & Howell, G. (2002). The underlying theory of project management is obsolete. In Proceedings of the PMI Research Conference (pp. 293-302). PMI.

Kuprenas, J. A., & Nasr, E. B. (2003). Controlling design-phase scope creep. AACE International Transactions, CS11.

Lovallo, Dan and Daniel Kahneman (2003). "Delusions of Success: How Optimism Undermines Executives' Decisions," Harvard Business Review, July Issue

Managing Successful Projects with PRINCE2 (2009). Office of Government Commerce (OGC). The Stationery Office.

Midler, C. (1995). "Projectification" of the firm: The Renault case. Scandinavian Journal of Management, 11(4), 363-375.

Morris, P. W. (2013). Reconstructing project management. John Wiley & Sons.

Morris, P. W., & Pinto, J. K. (2004). The Wiley guide to managing projects (pp. 440-441). Hoboken, NJ: John Wiley & Sons.

Morris, P. W., Pinto, J. K., & Jonas, S. (Eds.). (2012). The Oxford handbook of project management. OUP Oxford.

Oakes, M. G. (2012). Project reviews, assurance and governance. Gower Publishing, Ltd.

PMI Code of Ethics and Professional Conduct (2006). Retrieved 8 September, 2016, from http://www.pmi.org/-/media/pmi/documents/public/pdf/ethics/pmi-code-of-ethics-american-english.pdf?sc_lang_temp=en

PMI Pulse of the Profession (2016). Available in http://www.pmi.org/learning/thought-leadership/pulse/pulse-of-the-profession-2016. Retrieved 8 September, 2016

Schön, D. A. (1983). The reflective practitioner: How professionals think in action (Vol. 5126). Basic books.

Scope Creep - A Lethal Project Disease, Thoughts on Prevention and Cure, http://imsi-pm.com/home/library/scope_creep.pdf. Retrieved 15 August, 2016

Senge, P. M. (2006). The fifth discipline: The art and practice of the learning organization. Broadway Business.

Shenhar, A. J., & Dvir, D. (2007). Reinventing project management: the diamond approach to successful growth and innovation. Harvard Business Review Press.

Silva, M. (2015). Future-Proof: Foresight as a Tool Towards Project Legacy Sustainability. In 5th Scientific Conference on Project Management in the Baltic States- "Project Management Development–Practice and Perspectives" ISSN (pp. 2256-0513).

Silva, M., & Jeronimo, C. (2013). From Taylor to Tailoring-In Pursuit of the Organizational Fit. In Second International Scientific Conference on Project Management in the Baltic Countries.

Silvius, A. G., & Schipper, R. (2010). A maturity model for integrating sustainability in projects and project management. In 24th World Congress of the International Project Management Association. IPMA Istanbul.

Silvius, A. G., & van den Brink, J. (2014). Taking responsibility: the integration of sustainability and project management. Advances in Project Management: Narrated Journeys in Unchartered Territory, 137.

Silvius, G., Schipper, R., Planko, J., & Van Den Brink, J. (2012). Sustainability in project management. Gower Publishing, Ltd.

Systems Engineering and Project Management Integration: V-model (Explanatory Note). (2014). APM/INCOSE Joint Working Group 1 Version 1.0

The chaos report (1994). The Standish Group.

Thomas, J., & Mullaly, M. (2008). Researching the value of project management. Project Management Institute.

Trentim, M. (2013). Managing Stakeholders as Clients: Sponsorship, Partnership, Leadership, and Citizenship. Project Management Institute

Turner, R., Ledwith, A., & Kelly, J. (2012). Project management in small to medium-sized enterprises: tailoring the practices to the size of company. Management Decision, 50(5), 942-957.

Whitaker, S. (2012). The art of tailoring: making your project methodology fit. Project Management Institute

Wideman, R. M. (Ed.). (1992). Project and program risk management: a guide to managing project risks and opportunities. Project Management Institute.

Winter, M., & Szczepanek, T. (2009). Images of projects. Gower Publishing, Ltd.

Winter, M., Smith, C., Morris, P., & Cicmil, S. (2006). Directions for future research in project management: The main findings of a UK government-funded research network. International journal of project management, 24(8), 638-649.

ΣΧΕΤΙΚΑ ΜΕ ΤΗ ΣΥΓΓΡΑΦΕΑ

Η Marisa Silva, η «τυχερή Project Manager», είναι μια έμπειρη σύμβουλος για PMO και PPM, εκπαιδευτικός, συγγραφέας και διεθνής ομιλήτρια, με ένα καταγεγραμμένο ιστορικό πάνω στην καθιέρωση, την ενσωμάτωση και την ωρίμανση των βέλτιστων πρακτικών και την ανάπτυξη ικανοτήτων σε σύνθετους οργανισμούς που υποβάλλονται σε μετασχηματιστικές επιχειρηματικές αλλαγές. Ως παθιασμένη υποστηρικτής της αξίας των PMO ως επιχειρηματικών εταίρων και καταλυτών στην ολοκλήρωση των στρατηγικών αλλαγών, η Marisa ανέπτυξε την καριέρα της με τις συμβουλευτικές υπηρεσίες και την εργασιακή εμπειρία που αποκτήθηκε διεθνώς και σε διάφορους κλάδους.

Η Marisa είναι κάτοχος μεταπτυχιακού τίτλου (με διάκριση) στο Strategic Management of Projects από το University College London (UCL), απόφοιτος σχολής Management με ειδίκευση στην Ανταγωνιστική ευφυΐα και πτυχίο πάνω στο Foresight, Strategy and Innovation από το ISEG (Λισαβώνα). Επί του παρόντος, εκπονεί το διδακτορικό της πάνω στη διαχείριση έργων στο Alma Mater Europaea, με θέμα «anti-fragility in project management». Η έρευνά της σχετικά με τη σημασία της διαχείρισης της κληρονομιάς του έργου την έφερε σε μια από τις θέσεις φιναλίστ το 2017 για το διάσημο βραβείο ερευνητών IPMA Young. Τα κύρια ερευνητικά ενδιαφέροντα της Marisa περιλαμβάνουν το PMO, τη διαχείριση έργου προσανατολισμένη στο μέλλον, τη βιώσιμη διαχείριση έργων και την οργανωτική ευελιξία.

Είναι πιστοποιημένη ως PMP®, PRINCE2®, PRINCE 2 Agile®, MOP®, MSP®, P3O®, APMP® (IPMA-D), PMD® Pro Level 2, PMO-CP, καθώς και ως Microsoft Certified Professional (MCP®) για τα MS Project, Project Server και Project Online. Επιπρόσθετα, η Marisa είναι ενεργό μέλος της Project Management κοινότητας, ως blogger στο ProjectManagement.com. Είναι μέλος του APM®, εκπρόσωπος ειδικών θεμάτων στην πορτογαλική τεχνική επιτροπή που έρχεται σε επαφή με ISO/TC258, αρθρογράφος συνεργάτης στην έκδοση του PMI «Organizational Project Management Guide» και έχει υπηρετήσει ως εθελόντρια στο τοπικό PMI® Portugal. Ήταν επίσης γραμματέας της ομάδας ειδικών ενδιαφερόντων της APM PMO.

Η Marisa είναι μία από τους συγγραφείς του μοναδικού εκπαιδευτικού προγράμματος για PMO training courses διαπιστευμένο από τον φορέα

APM.

Πιστεύει στη δύναμη που έχουν οι δεξιότητες διαχείρισης έργων όταν χρησιμοποιούνται για το κοινωνικό καλό. Ως εκ τούτου, η Marisa κατείχε επίσης εθελοντικές θέσεις ως μέντορας στο Project Manager Against Poverty και ως Programs Director στο Project Manager Without Borders (PMWB). Το 2019 έγινε ένα από τα νεότερα μέλη της APM, σε αναγνώριση της συμβολής της στο επάγγελμα.

Είναι η συγγραφέας του βιβλίου που διαβάζετε με πρωτότυπο τίτλο "Bedtime Stories for Project Managers" και είναι Senior Consultant στη Wellington, μια κορυφαία συμβουλευτική εταιρεία διαχείρισης έργων στο Ηνωμένο Βασίλειο, αφοσιωμένη στη βήμα-βήμα αλλαγή ωριμότητας στο Project Portfolio Management των οργανισμών.

Μπορείτε να επικοινωνήσετε με τη Marisa στο παρακάτω email: marisa_fsilva@hotmail.com.

ΣΧΕΤΙΚΑ ΜΕ ΤΟΝ ΜΕΤΑΦΡΑΣΤΗ

Ο Λευτέρης Ρουσούδης είναι έμπειρος σύμβουλος πάνω στη διαχείριση έργων, τη δημιουργία και λειτουργία PMO, καθώς και στον ψηφιακό μετασχηματισμό των οργανισμών.

Έχοντας πάνω από 25 χρόνια πείρα στη διαχείριση έργων στον ιδιωτικό τομέα, τα τελευταία χρόνια έχει ειδικευτεί στο Project Management Office και την αξία που προσδίδει στον οργανισμό. Έχει διαχειριστεί εκατοντάδες έργα ψηφιακού μετασχηματισμού και έχει εκπαιδεύσει, σε ομάδες ή μεμονωμένα, σημερινούς επαγγελματίες της διαχείρισης έργων.

Είναι διπλωματούχος Μηχανολόγος Μηχανικός από το Αριστοτέλειο Πανεπιστήμιο, κάτοχος μεταπτυχιακού Master in Business Administration από το Πανεπιστήμιο Μακεδονίας και μεταπτυχιακού στον Περιβαλλοντικό Σχεδιασμό Έργων Υποδομής από το Ανοιχτό Πανεπιστήμιο. Είναι πιστοποιημένος ως PMP® και ενεργό μέλος στο PMI®.

Η μετάφραση του βιβλίου αυτού είναι η πρώτη του προσπάθεια πάνω στη συγγραφή βιβλίων. Θα ακολουθήσουν σύντομα πρωτότυπες εκδόσεις στο αντικείμενο της διαχείρισης έργων, στο management αλλά και στον ψηφιακό μετασχηματισμό των επιχειρήσεων.

Μπορείτε να επικοινωνήσετε μαζί του στο email: rousoudis@gmail.com ή να συνδεθείτε μέσω LinkedIn: www.linkedin.com/in/rousoudis/